安徽财经大学服务安徽经济社会发展系列研究报告 2018

安徽经济发展研究报告 2018

余华银　张焕明　等著

合肥工業大學出版社

图书在版编目(CIP)数据

安徽经济发展研究报告 2018/余华银，张焕明等著．—合肥：合肥工业大学出版社，2018.6

（安徽财经大学服务安徽经济社会发展系列研究报告 2018）

ISBN 978-7-5650-4007-8

Ⅰ.①安…　Ⅱ.①余…②张…　Ⅲ.①区域经济发展—研究报告—安徽—2018　Ⅳ.①F127.54

中国版本图书馆 CIP 数据核字(2018)第 118566 号

安徽经济发展研究报告 2018

余华银　张焕明　等著　　　　责任编辑　陆向军　何恩情

出　版	合肥工业大学出版社	版　次	2018 年 6 月第 1 版
地　址	合肥市屯溪路 193 号	印　次	2018 年 6 月第 1 次印刷
邮　编	230009	开　本	710 毫米×1010 毫米　1/16
电　话	综合编辑部:0551-62903028	印　张	11.5
	市场营销部:0551-62903198	字　数	158 千字
网　址	www.hfutpress.com.cn	印　刷	合肥现代印务有限公司
E-mail	hfutpress@163.com	发　行	全国新华书店

ISBN 978-7-5650-4007-8　　　　定价：32.00 元

编　委　会

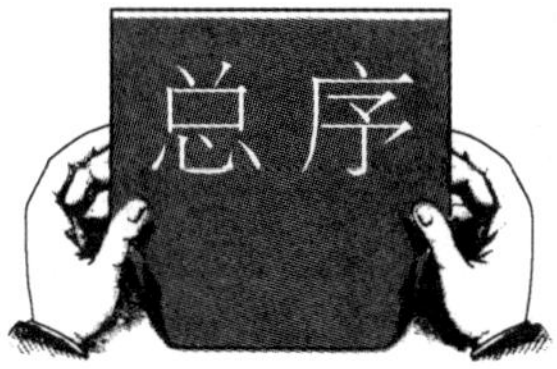

总序

安徽财经大学科研工作始终坚持立足安徽做学问、服务安徽出成果，特别重视立足地方和行业需求构建多层次智库平台。安徽经济发展研究院是安徽财经大学设立的研究安徽经济社会发展的专门机构，拥有安徽省人文社科重点研究基地、省级协同创新中心、省教育厅智库和安徽省重点智库四个省级科研平台。这些平台在优化资源配置、聚合科研力量，鼓励和引导教师围绕安徽省委省政府的重大发展战略选题，深入研究安徽经济社会发展中的重点、热点和难点问题，着力破解制约安徽地方经济社会发展的重大理论和现实问题，为建设特色鲜明的地方高水平财经大学提供了有益的智力支持，取得了较为丰硕的成果并积累了丰富的经验。安徽经济社会发展研究院努力实现在安徽经济发展方面的理论基础、政策研究与实践应用的紧密结合，把安徽经济社会发展研究院打造成为立足安徽、面向全国的财经智库。

安徽财经大学每年出版的服务安徽经济社会发展系列研究报告是由安徽经济社会发展研究院组织相关学院的专兼职研究人员编写的。我校 2006 年公开出版服务安徽经济社会发展的首部研究报告——《安徽经济发展报告》，2007 年《安徽省县域经济竞争力报告》发布，2010 年《安徽省贸易发展研究报告》出版，形成我校服务安徽经济社会发展的三大品牌报告。至 2018 年，年度研究报告增至 10 多部，主要包括：《安徽经济发展研究报告》《安徽县域经济竞争力报告》《安徽贸易发展研究报告》《安徽财政发展研究报告》《安徽投资发展研究报告》《安徽文化产业发展报告》《安徽城市发展研究报告》《安徽乡村振兴战略研究报告》《安徽农村普惠金融发展研究报告》《安徽劳动就业和社会保障发展研究报告》《安徽生态文明建设发展报告》《安徽养老服务发展报告》等。

服务安徽经济社会发展系列研究报告坚持稳定、控制数量，不断提升质量的指导思想，通过进入退出机制、激励机制、分级分类机制、合作机制、运行机制、评价机制和发布机制的改革，政策影响力和媒体影响力日益扩大。2016 年，研究院成功入围中国智库索引首批来源智库，并获大学智库指数排名中普通高校第一名。根据《中国智库索引（CTTI）2017 年发展报告》，我校进入大学智库指数 Top50 高校，其中安徽经济社会发展研究院排名第 25 位，安徽经济预警运行与战略协同创新中心排名第 32 位。

纵观这十多部研究报告可以看出，报告的组织者与撰写者都付出了辛勤的劳动和不懈的努力。当然，我们也清醒地认识到，报告也还存在这样或那样的缺点，与政府部门领导和社会各界对我们的希望还有相当大的差距，学校应当在智库建设方面做得更多、更好。我们坚信，只要坚持走下去，只要继续得到社会各界的关心和帮助，系列研究报告一定会越做越好！学校的智库建设也将结出更多的硕果！

安徽财经大学校长　丁忠明

2018 年 4 月 20 日

前言

《安徽经济发展报告》基于翔实的统计数据，立足于认清安徽经济发展现状，预测安徽经济发展前景，分析安徽省的热点、难点经济问题，并就如何推动安徽经济持续健康均衡发展提出相应的对策建议。经过十多年的艰苦努力，《安徽经济发展报告》的内容不断丰富，影响力不断扩大，受到了广泛关注和多方好评。2018年，安徽财经大学统计与应用数学学院在历年《安徽经济发展报告》的基础上，又组织课题组编写了《安徽经济发展研究报告（2018）》。

《安徽经济发展研究报告（2018）》在沿袭2017年发展报告总体风格的基础上，新增了安徽省战略性新兴产业竞争力综合评价的内容。本报告共分为六章，具体内容如下。

第一章是2017年安徽经济发展形势分析。本章从生产、需求、收入和通货膨胀等角度分析了2017年安徽省经济发展的现状。

第二章是2017年安徽经济发展区域比较。本章将2017年安徽省经济发展状况与中部地区各省以及长江经济带各省市进行了横向比较。

第三章是2018年安徽经济发展前景预测。本章在对2018年安徽省经济发展环境定性分析的基础上，采用多种统计模型2018年对安徽省经济增长、投资、消费、进出口以及物价水平等进行了组合预测。

第四章为2017年安徽省各地市经济发展比较分析。本章首先对2017年各地市经济发展现状进行了概述，然后构建了安徽省各地市经济发展综合评价指标体系，最后运用组合评价方法对 2017 年安徽省各地市经济发展进行了全方位的综合评价和比较。

第五章为安徽省战略性新兴产业竞争力评价。这是 2018 年本报告新增内容。本章首先对安徽省战略性新兴产业贡的发展现状进行了分析，然后构建战略性新兴产业竞争力综合评价指标体系，并对安徽省与中部各省战略性新兴产业竞争力进行了综合比较。

第六章是推动安徽省经济健康发展的政策建议。本章分析了 2017 年安徽经济发展的成效与不足，进而对安徽未来经济健康发展提出相应的政策建议。

《安徽经济发展研究报告 2018》是集体智慧的结晶。由于报告的时效性要求，撰写报告的时间较为紧张，加之作者的水平有限，不足之处恳请各位专家不吝指教。您的宝贵意见将是我们工作不断前行的动力，也是我们不断提高《安徽经济发展研究报告》质量，增强服务安徽经济发展能力的重要支持。

作　者

2018 年 4 月

MU LU 目录

第一章　2017 年安徽经济发展形势分析

2017 年以来，安徽省全面落实中央关于确保供给侧结构性改革得到深化、推动经济结构调整取得实质性进展的决策部署，取得了明显成效。本章从生产、需求、收入和通货膨胀等角度分析 2017 年经济发展形势，以期全面把握我省的经济走势。

第一节　从生产角度分析经济增长形势

一、经济增长保持总体平稳，稳中向好的势头，第三产业发展迅速

2017 年，安徽省生产总值达到 27518.67 亿元，按可比价格计算，同比增长 8.5%。其中，第一季度生产总值同比增长 8.4%，比上年同期水平低 0.2 个百分点，高于全国水平 1.5 个百分点；上半年生产总值同比增长 8.5%，较第一季度加快 0.1 个百分点，高于全国水平 1.6 个百分点；前三季度生产总值同比增长 8.3%，较第一季度和上半年分别放缓 0.1 个百分点与 0.2 个百分点，高于全国水平 1.4 个百分点；2017 年全年生产总值同比增长 8.5%，较上年同期增速放缓 0.2 个百分点，但比全国水平高出 1.6 个百分点。由此可见，安徽省经济增速与上年相比略有放缓，但增速仍高于全国平均水平，保持总体平稳、稳中向好的势头，如图 1－1 所示。

分三次产业来看，我省产业转型持续进行，第三产业在经济结构转型升级中继续发挥重要作用，发展速度稳步保持在高水平状态，成为经济发展的中坚力量。第二产业也出现回暖趋势，稳步提升，成为我省经济发展的保障。由表 1－1 可见，2017 年第一产业增加值

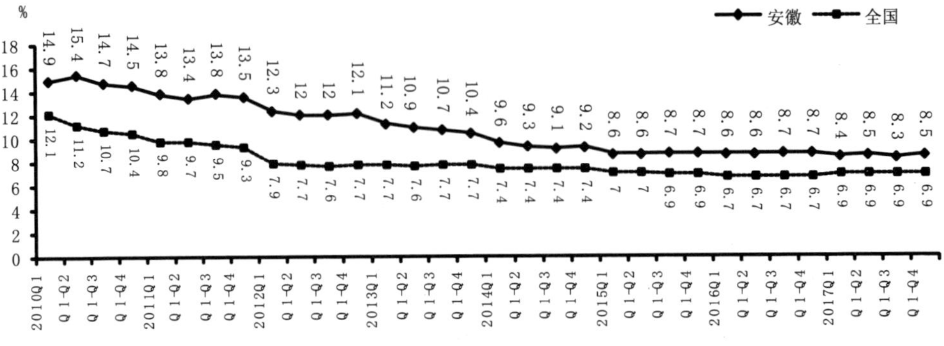

图 1-1 2011 年以来安徽省与全国 GDP 季度增长率

保持平稳增长，一季度、上半年、前三季度、全年第一产业增加值同比增速分别为 2.5%、2.8%、3.3%和 4.0%，呈逐季上升状态，与全国增速相差不大；第二产业较上年同期有小幅回升，一季度、上半年、前三季度、全年第二产业增加值同比增速分别为 8.2%、8.2%、8.4%和 8.6%，且全年相较与上年同期增长 0.2 个百分点，分别比全国同期增速高 1.8、1.8、2.1 与 2.5 个百分点，呈稳步上升态势；第三产业增加值增速较上年小幅回落，一季度、上半年、前三季度和全年同比增速分别为 9.4%、10.0%、9.0%和 9.7%，分别较上年同期增速降低了 0.6、0.3、1.8 和 1.2 个百分点，但仍比全国同期增速高 1.7、2.3、1.2 和 1.7 个百分点，呈高速发展状态。2017 年全省生产总值 27518.7 亿元，其中第一产业增加值 2611.7 亿元，第二产业增加值 13486.6 亿元，第三产业增加值 11420.4 亿元。第一、二、三产业增加值占生产总值比重分别为 9.5%、49%和 41.5%。与上年同期相比，第一产业产值比重下降 1.6 个百分点，第二产业产值比重增加 0.6 个百分点，第三产业产值比重增加了 0.5 个百分点，说明第三产业对我省经济的支撑作用进一步增强。2017 年，全国第一、二、三产业增加值占 GDP 的比重分别为 7.9%、40.5%和 51.6%，与全国相比，我省第二产业增加值比重比全国高 8.5 个百分点，第三产业比重比全国低 10.1 个百分点，表明我省仍属于工业主导型经济。2017 年安徽省与全国三次产业增长率比较见表 1-1 所列。

表 1-1　2017年安徽省与全国三次产业增长率比较　　单位:%

指标	一季度		上半年		前三季度		全年	
	安徽省	全国	安徽省	全国	安徽省	全国	安徽省	全国
国内生产总值	8.4	6.7	8.5	6.7	8.3	6.7	8.5	6.7
第一产业	2.5	3.0	2.8	3.5	3.3	3.7	4.0	3.9
第二产业	8.2	6.4	8.2	6.4	8.4	6.3	8.6	6.1
第三产业	9.4	7.7	10.0	7.7	9.0	7.8	9.7	8.0

二、工业增速稳中向好，经济发展新动能加速成长

总体来看，2017年安徽省工业增加值增速表现出稳中向好的态势。2017年，安徽省规模以上工业增加值达到10988.51亿元，比上年增长9.0%，比上年同期增速高0.2个百分点，比全国水平高2.4个百分点。分季度看，一季度规模以上增加值同比增长8.4%，比全国同期高1.6个百分点，上半年同比增长8.6%，比全国同期高1.7个百分点，前三季度同比增长8.8%，比全国同期水平高2.1个百分点。工业增长速度较上年有小幅增长，总体平稳，稳中向好，如图1-2所示。

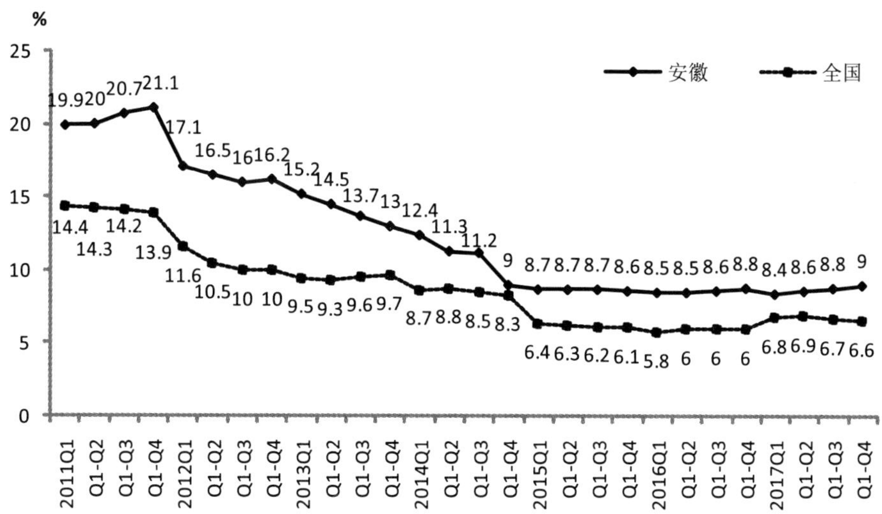

图1-2　2011年以来安徽省与全国规模以上工业增加值季度同比增速

分月度数据来分析。如图 1-3 所示，1—2 月份规模以上工业增加值同比增速为 7.9%，比 2016 年同期上升 0.1 个百分点，比全国同期高 1.6 个百分点；3 月份的规模以上工业增加值同比增速有所加快，增速为 9.2%，比 1—2 月份加快 1.3 个百分点，比全国同期高 1.6 个百分点；4、5 月份规模以上工业增加值增速有所回落，分别为 8.4%、8.2%，比全国同期分别高出 1.9、1.7 个百分点；6 月份的规模以上工业增加值同比增速有所回升，为 8.8%，比全国同期高了 1.2 个百分点。7 月份规模以上工业增加值增速相较于前三个月有所回升，为 9.0%，比全国高出 2.6 个百分点。8 月份增速有所回落，规模以上工业增加值增速为 8.4%，比全国同期水平高出 2.4 个百分点。9 月份增速有所提升，规模以上工业增加值增速为 9.0%，比全国同期高 2.4 个百分点。10 月份规模以上工业增加值增速有所回落，为 8.6%，但仍比全国同期高出 2.4 个百分点。11、12 月增速回升，分别为 8.7% 与 10.5%，比全国同期增速高 2.6 与 4.3 个百分点。

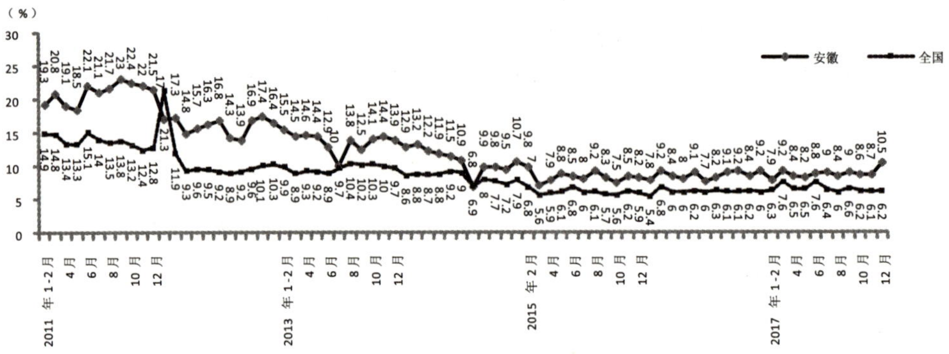

图 1-3　2011 年以来安徽省与全国规模以上工业增加值月度同比增速

从不同所有制结构和企业规模结构看，国有及国有控股工业企业及大中型工业企业增速较快。2017 年，我省国有及国有控股工业企业及大中型工业企业增速分别为 11.8%和 9.3%，分别比上年同期水平高 8.5 和 3.3 个百分点。

2017 年，安徽省经济发展新动能加速成长，创新驱动力持续增强，主要表现在高新技术产业和战略性新兴产业发展迅猛。全年规模以上工业中，高新技术产业增加值达 4605.432 亿元，比上年增长 14.8%，比全部规模以上工业增加值增速高 5.8 个百分点，高新技术产业增加值占规模以上工业增加值的比重由上年的 39.8%提高到 40.2%；规模以上工业中，战略性新兴产业产值增速达 21.4%，产值占规模以上工业增加值的比重比由上年的 23.3%提高到 24.7%。

三、房地产业增速放缓，总体保持平稳运行态势

房地产业的发展水平可以通过商品房销售面积和商品房销售额来反映。2017 年，安徽省商品房销售增速回落，去库存成效明显，房地产市场总体保持平稳运行态势。从商品房销售面积看，一季度我省商品房销售面积同比上升 21.6%，较上年同期相比回落 3.6 个百分点，比全国同期水平高 1.1 个百分点；上半年商品房的销售建筑面积同比上升 12.5%，比全国水平低 3.6 个百分点，比第一季度下降 9.1 个百分点。前三季度商品房的销售建筑面积同比增长 6.5%，比全国水平低 3.8 个百分点；2017 年，商品房销售面积 9200.7 万平方米，同比增长 8.2%，比第一季度下降 13.4 个百分点，比上半年下降 4.3 个百分点，比前三季度上升 1.7 个百分点。年末，商品房待售面积 2021.3 万平方米，比上年末减少 380.1 万平方米，去库存效果明显，如图 1-4 所示。

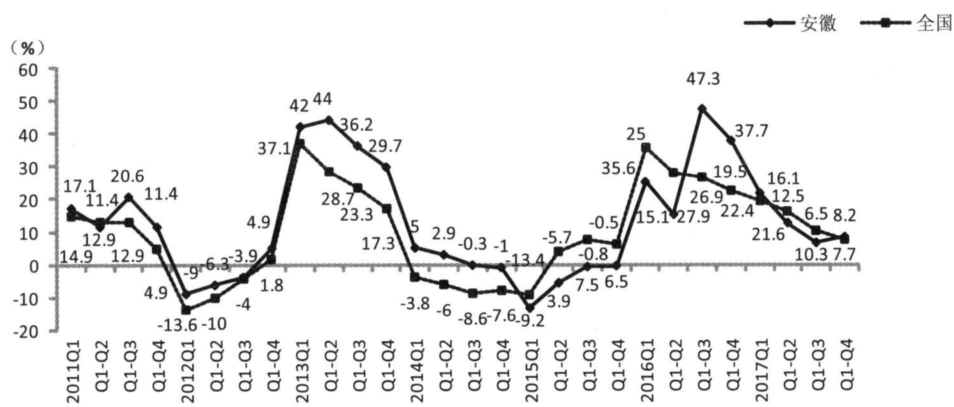

图 1-4　2011 年以来安徽省与全国的商品房销售面积季度同比增速

从商品房销售额看，2017 年安徽省商品房销售额为 5865.8 亿元，比上年增长 16.5%，增速比上年回落 32.9 个百分点，但高于全国 2.8 个百分点。分季度看，第一季度同比增长 34.7%，比上年同期增速高 2.7 个百分点，比全国高 9.6 个百分点。上半年、前三季度同比增速为 22.7%、13.9%，分别比上年同期增速低 27.4 与 46.1 个百分点，其中上半年增速比全国同期高 1.2 个百分点，而前三季度比全国水平低了 0.7 个百分点。增速比上年有明显放缓的趋势，如图 1－5 所示。

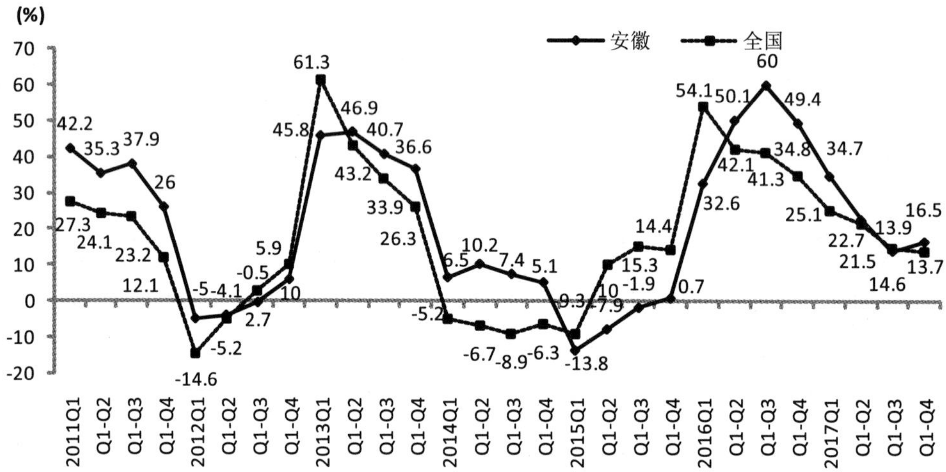

图 1－5　2011 年以来安徽省与全国的商品房销售面积季度同比增速

四、金融机构存贷款余额实现平稳增长，呈现出健康平稳的发展态势

2017 年我省金融机构存贷款增速较上年有所回落，全省金融业保持平稳发展的态势。2017 年末，安徽省金融机构人民币存款余额达 45608 亿元，比上年增长 11.6%，比全国高 2.6 个百分点，当年新增存款 4752.6 亿元。人民币贷款余额 34481.2 亿元，比上年增长 14.2%，增速比全国高 1.5 个百分点，当年新增贷款 4300.5 亿元。其中，一季度末，人民币存款余额 44118.5 亿元，同比增长 17.4%，比全国高 7.1 个百分点，余额比年初增加 3262.3 亿元，同比多增 176.7 亿元；一季度末人民币贷款余额 31613.3 亿元，同比增长 18%，比全

国高 5.6 个百分点，余额比年初增加 1432.6 亿元，同比多增 122.2 亿元；上半年末，人民币存款余额 44450.6 亿元，同比增长 15.6%，比全国高 6.4 个百分点，余额比年初增加 3594.4 亿元，同比减少 384.1 亿元；上半年末，人民币贷款余额 32685.9 亿元，增长 16.7%，比全国高 3.8 个百分点，余额比年初增加 2505.1 亿元，同比少增 19.1 亿元；前三季度末，全省金融机构人民币各项存款余额 45306 亿元，同比增长 11.2%，增幅比全国高 1.9 个百分点，余额比年初增加 4449.8 亿元，同比减少 1816.2 亿元。三季度末，人民币各项贷款余额 33622.3 亿元，同比增长 14%，比全国高 0.9 个百分点，余额比年初增加 3441.5 亿元，同比少增 565.5 亿元，如图 1-6 所示。

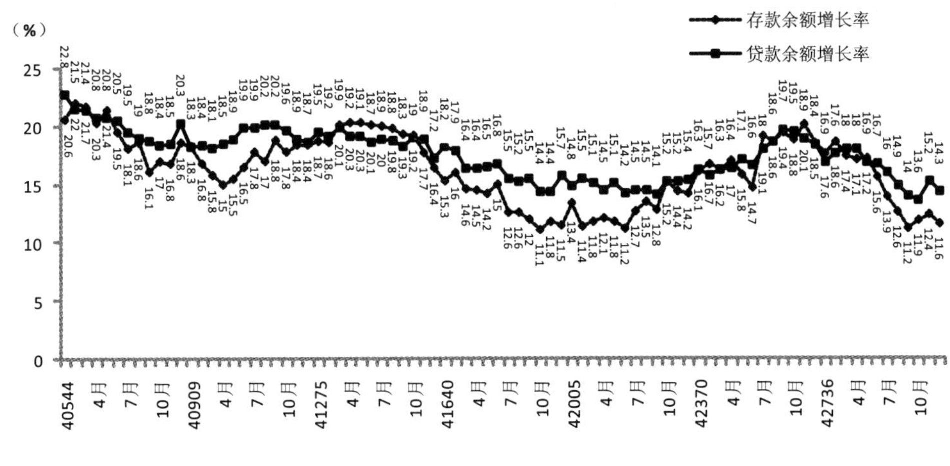

图 1-6　2011 年以来安徽省存贷款余额月度同比增速

第二节　从需求角度分析经济增长形势

一、城乡居民消费保持较快增长，但增速逐季减慢

居民消费水平是指居民在物质产品和劳务的消费过程中，对满足人们生存、发展和享受需要方面所达到的程度，通过消费的物质产品和劳务的数量和质量反映出来。居民消费包括农村居民消费和城镇居

民消费，城镇居民消费水平和农村居民消费水平增速，在很大程度上分别决定了农村居民消费和城镇居民消费的增长趋势。

从城镇居民人均现金消费支出增速看，2017 年上半年安徽省城乡居民消费保持较快增长，从三季度开始增速减慢。2017 年一季度、上半年、前三季度和全年城镇居民人均现金消费支出累计实际增速分别为 11%、12.3%、9.5%和 5.8%，分别比全国同期高 5.6、7.2、5.0 和 1.7 个百分点，如图 1－7 所示。

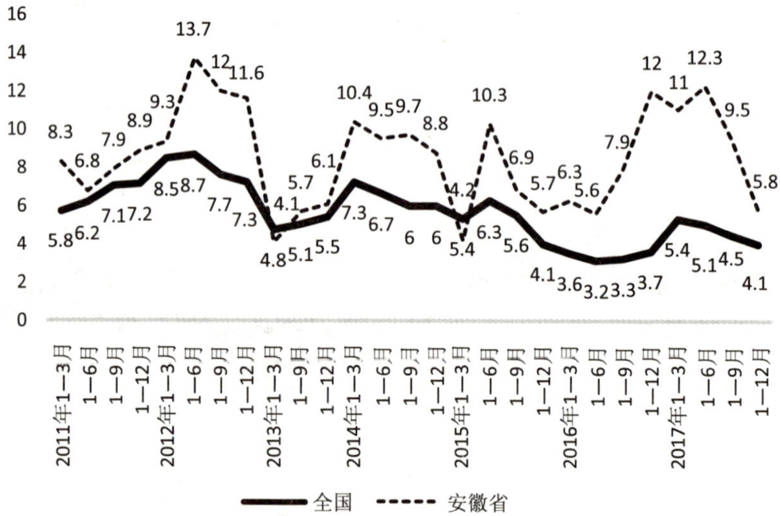

图 1－7 安徽省与全国城镇居民季度人均消费支出实际增长率

从安徽省农村居民人均现金消费支出增长看，2017 年一季度、上半年、前三季度和全年农村居民人均现金消费支出累计实际增速分别为 9.7%、8.3%、9.6%和 8%，分别比全国同期高 2.9、1.3、2.2 和 1.2 个百分点。相比于 2016 年度安徽省农村居民人均现金消费支出实际增速高于城镇居民人均现金消费支出实际增速，2017 年一季度和上半年安徽省农村居民人均现金消费支出累计实际增速分别比城镇居民人均现金消费支出累计实际增速低 1.3 和 4 个百分点。而 2017 年前三季度和全年，农村居民人均现金消费支出累计实际增速分别比城镇居民人均现金消费支出累计实际增速高 0.1 和 2.2 个百分点，如图 1－8 所示。

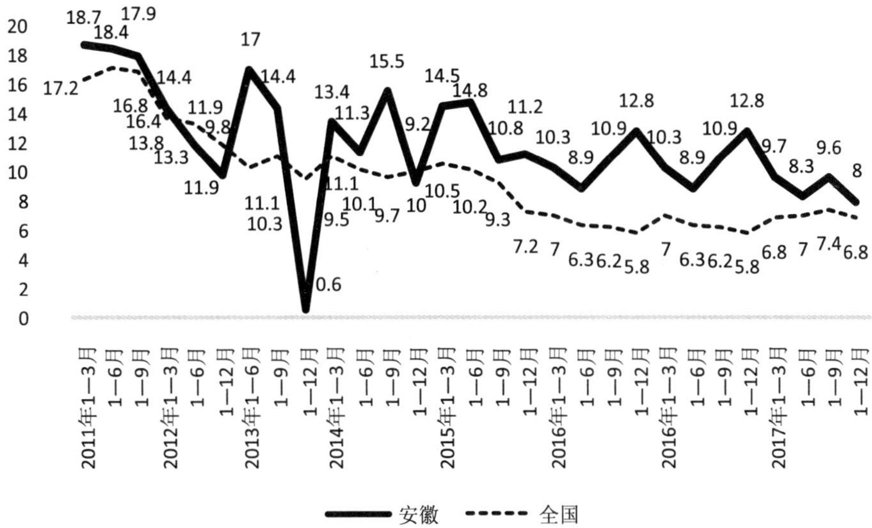

图 1-8　安徽省与全国农村居民季度人均消费支出实际增长率

二、社会消费品零售总额突破万亿元，消费市场向好发展

2017 年安徽省社会消费品零售总额稳定增长，消费市场转型升级，新业态蓬勃发展。2017 年一季度，安徽省社会消费品零售总额同比增长 11.9%，其中限额以上同比增长 11.6%；上半年社会消费品零售总额同比增长 12.0%，比一季度上升 0.1 个百分点，限额以上同比增长 11.8%；前三季度，安徽省社会消费品零售总额同比增长 11.7%，其中限额以上同比增长 11.2%；2017 年安徽省社会消费品零售总额为 11192.6 亿元，同比增长 11.9%，高于全国 1.7 个百分点，其中，限额以上社会消费品零售总额 5593.7 亿元，同比增长 12.0%，高于全国 3.9 个百分点。

从经营地所在单位看，城镇和农村社会消费品零售总额增长势头良好，未出现较大波动。2017 年城镇消费品零售总额 9009.4 亿元，同比增长 11.7%，高于全国 1.7 个百分点；农村消费品零售总额 2183.2 亿元，同比增长 13.0%，高于全国 1.2 个百分点。从消费形态来看，商品零售总额 9967.4 亿元，增长 11.8%，比上年同期下降 0.4 个百分点，高于全国 1.6 个百分点；餐饮收入 1225.2 亿元，增长

12.6%，比上年同期上升 0.2 个百分点，高于全国 1.9 个百分点。

从各类限额以上商品零售分析。全年各种商品零售类均涨幅明显，石油及制品类在 2016 年同比增长 6.6%，2017 年同比增长 17.7%，涨幅明显；家用电器及音像器材类同比增长 13.6%，较去年同期也有不错的涨幅。2017 年粮油、食品、饮料、烟酒类零售额 1055.2 亿元，增长 14.4%；汽车类零售额 1385.7 亿元，增长 7.8%，高于全国 2.2 个百分点，见表 1－2 所列及如图 1－9 所示。

表 1－2 近两年限额以上商品零售情况

限额以上商品零售类值	2017 年		2016 年	
	累计（亿元）	同比增长（%）	累计（亿元）	同比增长（%）
粮油、食品、饮料、烟酒类	1055.2	14.4	662.9	21.2
服装鞋帽、针、纺织品类	361.6	9.6	340.3	4.8
日用品类	162.1	12.5	140.5	18.8
家用电器和音像器材类	419.1	13.6	365.1	11.9
中西药品类	519.0	8.8	467	8.3
石油及制品类	697.4	17.1	613.3	6.6
汽车类	1385.7	7.8	1244.6	15.2

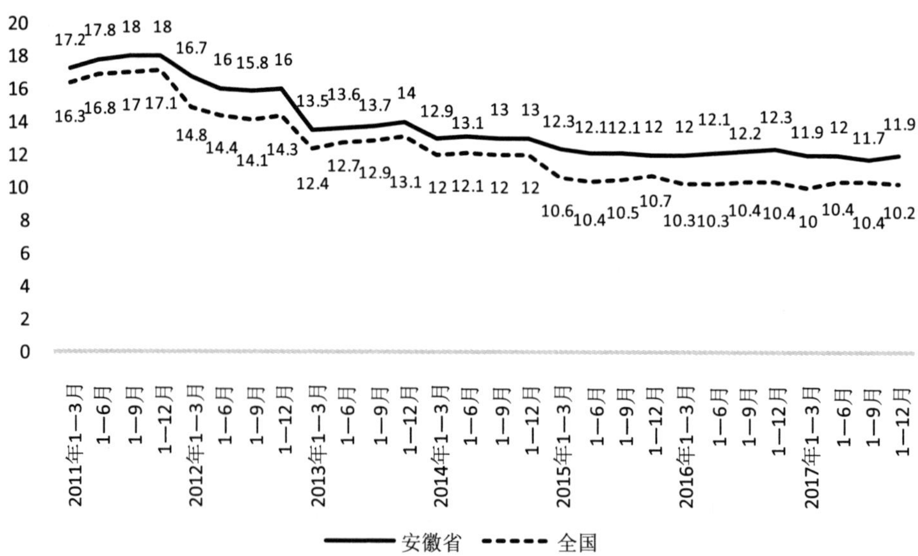

图 1－9 社会消费品零售总额增长率

三、财政支出增速逐季回落，扎实推进民生事业建设

2017 年，安徽省财政支出增速逐季回落。分季度看，一季度安徽省财政支出同比增速为 19.1%，较上年同期下降 3.9 个百分点，比上年提高 13.5 个百分点，比全国同期财政支出增速低 1.9 个百分点；财政支出增速从二季度开始回落，上半年、前三季度和全年财政支出同比增速分别为 18.8%、13%和 12.3%，比上年同期分别上升 4.0、2.3 和 6.7 个百分点，分别比今年一季度降低 0.3、6.1 和 6.8 个百分点，比全国同期分别高 3.0、1.59 和 4.6 个百分点，如图 1－10 所示。

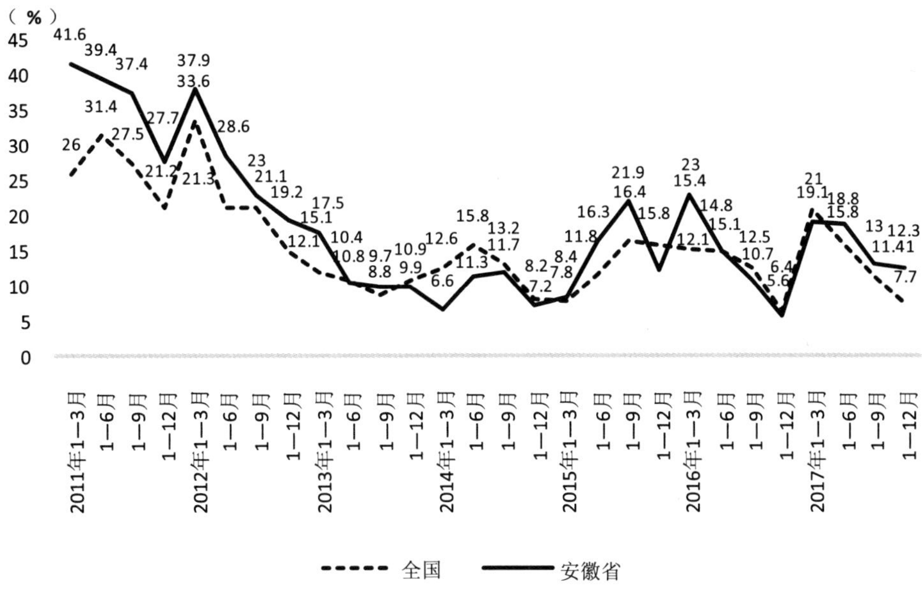

图 1－10　安徽省和全国财政支出同比增速对比

在支出结构方面，安徽省财政支出的重点仍为保障民生。2017 年安徽省财政支出总额为 6202.3 亿元，同比增长 12.3%。其中科学技术支出增速下降明显，相比于上年同比下降 104%；农林水事务财政支出相比于上年有了显著提高，同比增长 61.3%。从表 1－3 和表 1－4 可以看出，增速较快的是农林水事务、医疗卫生与计划生育、节能环保等。规模较大的主要集中在城乡社区事务、教育、社会保障与就业和农林水事务等方面，分别占财政总支出的 16%、15.4%、14.8%

和11.1%，见表1-3和表1-4所列。

表1-3 2017年各季度各项财政支出同比增速 单位:%

	全年（截至11月）	前三季度	上半年	一季度
财政支出	9.2	13.0	18.8	19.1
一般公共服务	−3.3	12.0	15.4	12.0
教育	7.8	15.4	17.4	21.8
科学技术	0.5	−1.9	46.5	6.4
文化体育与传媒	9.2	8.7	5.2	24.1
社会保障与就业	10.7	12.1	14.0	8.5
医疗卫生与计划生育	19.4	29.0	35.8	51.2
节能环保	20.3	47.2	61.2	57.1
城乡社区事务	0.3	20	27.8	25.1
农林水事务	51.0		29.7	1.6
交通运输	−17.5		−4.7	77.5

表1-4 各项财政支出增速及所占比重 单位:%

支出项目	2016年1—11月		2017年1—11月	
	同比增速	比重	同比增速	比重
一般公共服务	15.4	9	−3.3	8
教育	16	15.6	7.8	15.4
科学技术	104.5	4.4	0.5	4
文化体育与传媒	−12.7	1.3	9.2	1.3
社会保障与就业	15.4	14.6	10.7	14.8
医疗卫生	18.4	8.9	19.4	9.8
节能环保	15.1	2.3	20.3	2.6
城乡社区事务	33	17.4	0.3	16
农林水事务	−10.3	8	51.0	11.1
交通运输	−23.7	5.2	−17.5	3.9

四、对外贸易发展迅速，进、出口额显著上升

2017年以来，安徽省对外贸易增速相比上年有了明显回升，外贸进出口总额持续上升。一季度，全省进出口总额109.2亿美元，同比增长22.3%，增幅比全国高7.3个百分点；上半年，全省进出口总额

245.4亿美元，同比增长25.9%，增幅比一季度、上年同期分别高3.6个百分点和30.7个百分点；前三季度，全省进出口总额388.9亿美元，同比上升28.1%，增幅比全国同期高16.4个百分点。分月看，安徽省在2017年不断进行调整以适应经济新常态，各月进出口总额增速呈现较大幅度的波动，其中，6月份同比增速达到48.4%，高于全国同期34.6个百分点，而12月份则同比下降7.2%，低于全国同期11.7个百分点，如图1-11所示。

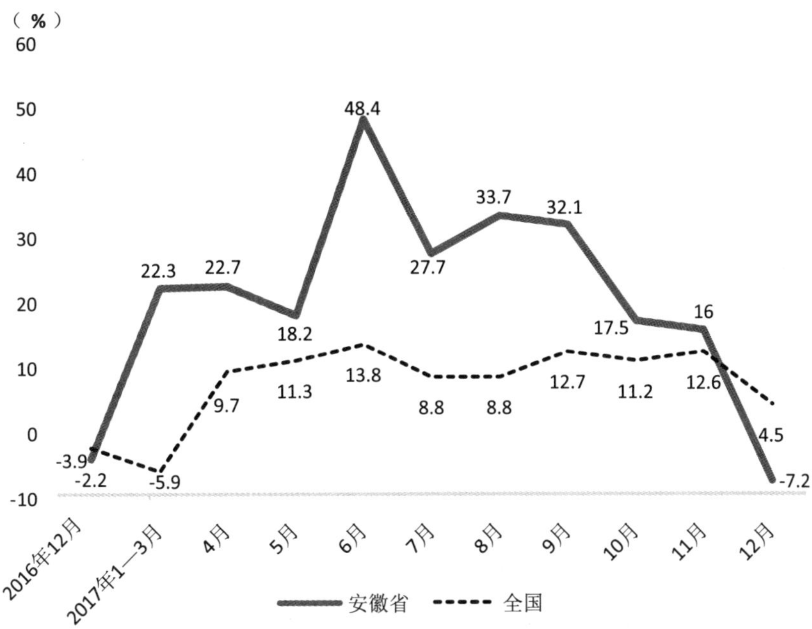

图1-11 进出口总额分月增速

从进口角度来看，全年进口额为231.6亿美元，比上年增长45%，增幅高于全国26.3个百分点。从出口的角度分析，全年出口额为304.8亿美元，比上年增长7.2%，增幅低于全国3.6个百分点。截至2017年，机电产品出口额达到169.4亿美元，同比上升10.1%，高新技术产品同比上升27.1%，一般贸易出口值213.7亿美元，同比上升4.9%，加工贸易同比上升16.7%，如图1-12、图1-13及图1-14所示。

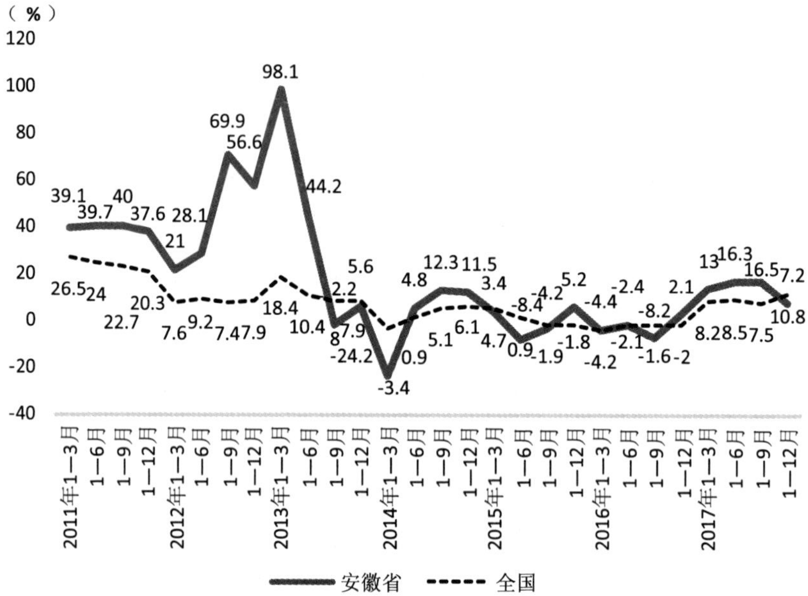

图 1-12　安徽省与全国出口增速比较

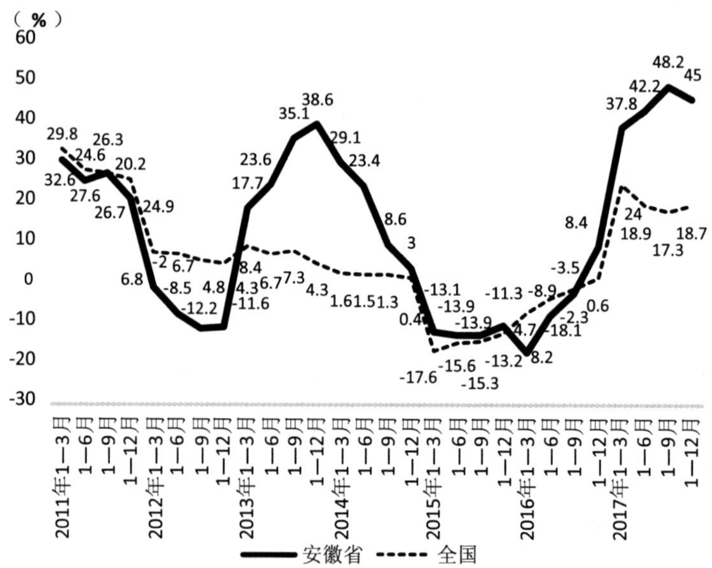

图 1-13　安徽省与全国进口增速比较

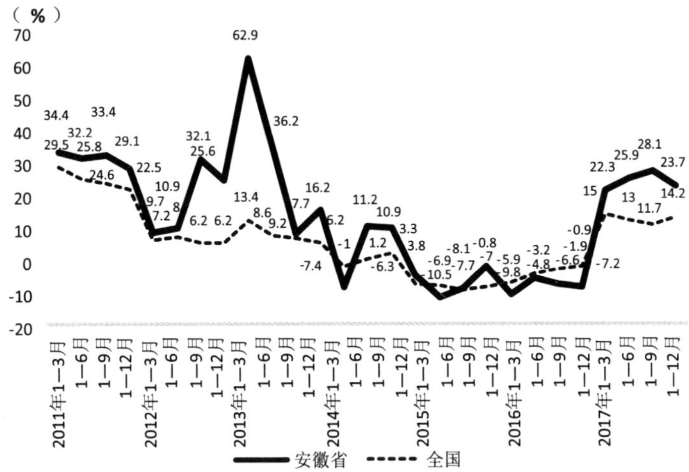

图 1 - 14　安徽省与全国进出口总额增速比较

按贸易方式，2017 年，一般贸易增速波动明显，比上年增长 4.9%，增幅较上年高 16.6 个百分点。加工贸易比上年增长 16.7 个百分点，增幅比上年高 26.9 个百分点，其中进料加工比上年增长 13.4%，来料加工高达到 180%。

五、固定资产投资增速有所回落，投资结构持续优化

固定资产投资是社会固定资产再生产的主要手段。固定资产投资额是以货币表现的建造和购置固定资产活动的工作量，它是反映固定资产投资规模、速度、比例关系和使用方向的综合性指标。固定资产投资增速很大程度上决定 GDP 中固定资本形成总额增速的趋势。

2017 年安徽省固定资产投资总量继续增加、增速较去年有所回落。分季度看，第一季度全省固定资产投资 5446.9 亿元，同比增长 11.1%，比全国高 1.9 个百分点；上半年，全省固定资产投资 13608.4 亿元，同比增长 10.7%，比全国高 2.1 个百分点；前三季度，全省固定资产投资 21405.3 亿元，同比增长 10.0%，比全国高 2.5 个百分点；全年完成固定资产投资 29186 亿元，同比增长 11%，增幅比全国高 2.8 个百分点，如图 1 - 15 所示。

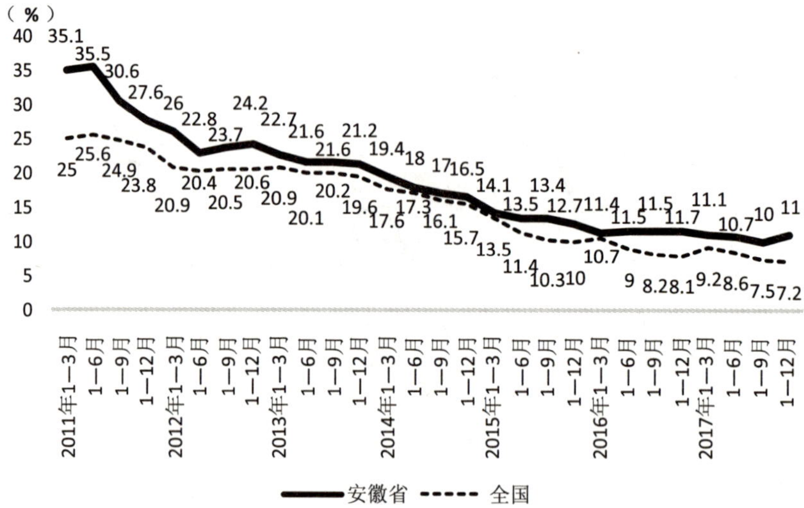

图 1－15　安徽省与全国固定资产投资同比增速比较

分产业看，第二、三产业固定资产投资比重上升，投资结构持续优化。第一季度，第一产业固定资产投资 126.7 亿元，同比增长 10.8%；第二产业固定资产投资 2337.6 亿元，同比增长 7%；第三产业固定资产投资 2982.6 亿元，同比增长 14.4%；上半年三次产业固定资产投资同比增速分别为－1.5%、10.8%和 11.2%，其中，第一、第三产业增速较一季度分别回落 12.3 和 3.2 个百分点，第二产业增速较一季度提高 3.8 个百分点；前三季度第一产业固定资产投资 551.1 亿元，同比下降 4%；第二产业固定资产投资 9591.8 亿元，同比增长 10.6%；第三产业固定资产投资 11262.4 亿元，同比增长 10.2%；2017 年全年第一产业固定投资 775.8 亿元，同比下降 4.6%，第二产业固定资产投资 13016.4 亿元，同比增长 12%，第三产业固定资产投资 15393.8 亿元，同比增长 11%。2017 年三次产业固定资产投资比例为 2.7∶44.6∶52.7，投资结构持续优化。与全国同期相比，2017 年第二、三产业固定资产投资增速分别比全国高出 9.2、1.5 个百分点，第一产业则比全国低 16.4 个百分点，如图 1－16 所示及见表 1－5 所列。

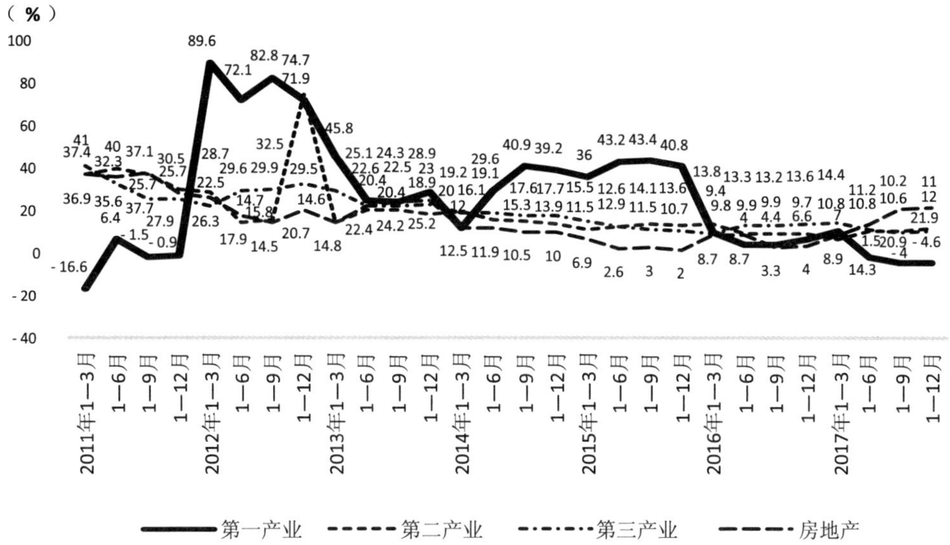

图 1-16　第一、二、三产业固定资产投资同比增速比较

表 1-5　三次产业固定资产投资增速及比重比较　　　　单位:%

	2016 年增速	2016 年比重	2017 年增速	2017 年比重
第一产业	6.6	3.1	−3.6	2.6
第二产业	9.7	43.8	11.2	44.6
第三产业	13.6	53.1	10.9	52.7

从投资行业看，制造业仍然是投资的重点领域，制造业固定资产投资保持较快增速，占总投资的比重较去年也有所上升。2017 年，安徽省制造业固定资产投资 1144.3 亿元，比上年同期增第 11.5%，比上年同期增速上升 2.1 个百分点，增幅比全部固定资产投资增速高 0.5 个百分点，较一季度高 0.4 个百分点，比上半年高 0.8 个百分点，比第三季度高 1.5 个百分点。制造业投资占总固定资产投资的比重为 39.18%，较去年同期比重上升 0.46 个百分点，在总投资中占有较大份额。除此之外，2017 年度，电力、热力及水生产和供应业，水利、环境和公共设施管理业以及教育等行业投资增速分别达到了 28.7%、28%和 23.1%，呈现较快发展趋势。农、林、牧、渔业，建筑业，住宿和餐饮业，金融业，租赁和商品服务业，科学研究和技术服务业以及公共管理、社会保障和社会组织由去年同期的正增长转变为负增长，

见表 1-6 所列。

表 1-6 近两年按行业固定资产投资额及同比增速

行业	2016 年		2017 年	
	累计投资额（亿元）	同比增速（%）	累计投资额（亿元）	同比增速（%）
农、林、牧、渔业	813.6	6.6	775.8	-4.6
采矿业	232.9	-28.1	231.8	-0.5
制造业	10361.9	9.4	11434.3	11.5
电力、热力、燃气及水生产和供应业	993.2	28.4	1277.4	28.7
建筑业	154	17.9	72.9	-49.7
交通运输、仓储和邮政业	1841.4	25.3	2035.7	11.6
信息传输、软件和信息技术服务业	299.2	15.7	274.0	6.6
批发和零售业	926.9	-3	602.8	-30.1
住宿和餐饮业	275.1	7.6	193.5	-25.5
金融业	92	27.8	62.1	-23.6
房地产业	5763.8	2.3	6551.6	14.4
租赁和商务服务业	653.6	51.3	612.8	2.5
科学研究和技术服务业	345	32.6	280.6	-10.4
水利、环境和公共设施管理业	2589.2	27.7	3297.6	28.0
居民服务、修理和其他服务业	105	9.9	107.9	9.0
教育	375	37.6	443.4	23.1
卫生和社会工作	231.3	3.1	255.5	15.1
文化、体育和娱乐业	241.4	19.8	254.3	11.6
公共管理、社会保障和社会组织	463.3	35.3	421.2	-7.7

从投资主体来看，2017 年民间投资增速小幅上升，外资投资增速较去年明显加快，国有投资增速回落。2017 年民间投资 19233.4 亿元，占投资总额的 65.9%。一季度，民间投资增速为 8.2%，增速比去年同期上升 1.7 个百分点；上半年民间投资增速为 6.8%，比一季度降低 1.4 个百分点，较去年同期上升 0.4 个百分点；前三季度，民

间投资增速为 6.0%，比去年同期下降 0.6 个百分点；全年民间投资增速为 7.1%，比 2016 年民间投资增速上升 0.6 个百分点。2017 年安徽省国有投资增速减慢，一季度国有投资增速为 16.6%，低于上年同期 9.8 个百分点；上半年增速上升为 20.8%，较一季度上升 4.2 个百分点，比上年同期减慢 7.2 个百分点；前三季度国有投资增速回落为 19.6%；全年增速为 19.7%，低于去年同期 6.7 个百分点。2017 年外资投资持续上升，一季度外资投资下降 2.1%，降幅比去年同期下降 2.4%；上半年外资投资上升 1.9%；前三季度外资投资上升 11.9%；全年上升 17.5%，全年增幅高于去年同期 22 个百分点。按照资金来源，全年自筹资本占到了全部资金来源的 67.4%，自筹资金增长速度达到 4.5%，高于去年同期 0.9 个百分点。债券上升 66.5%，外资增长 12.8%，如图 1 - 17 所示。

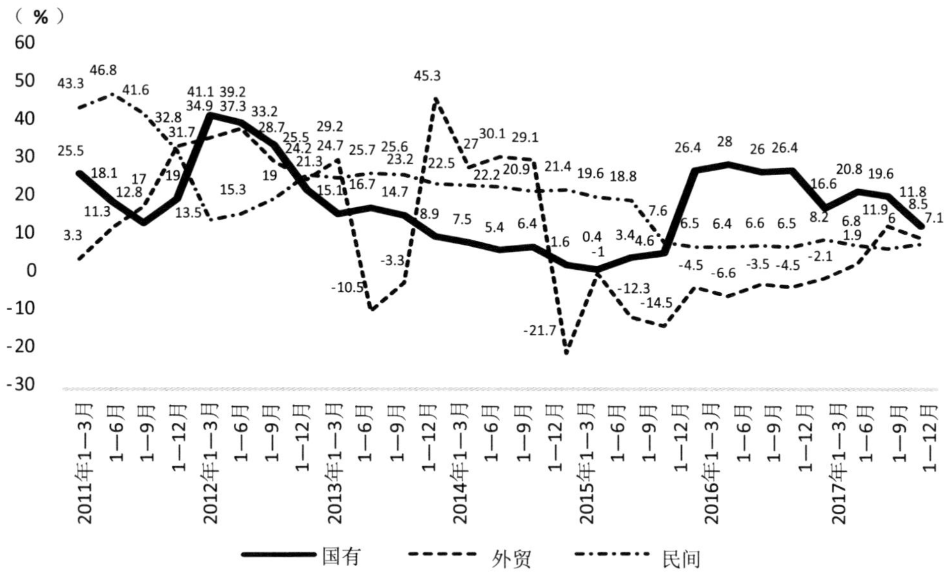

图 1 - 17　固定资产投资投资主体增速比较

房地产投资依然是固定资产投资的一个重要方面，也是衡量经济水平的一个重要指标。2017 年安徽省房地产投资增速较去年有所上升。全年安徽省房地产投资额 5612.5 亿元，同比增长 21.9%，比上年同期增速加快 17.9 个百分点，如图 1 - 18 所示。

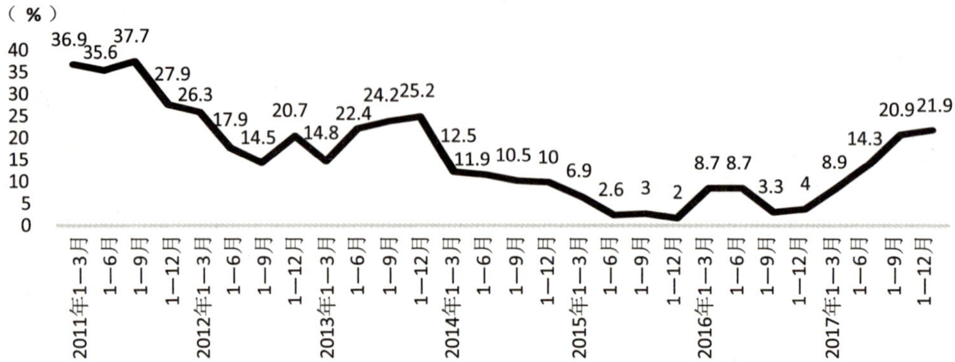

图 1-18　安徽省房地产投资同比增速

第三节　从收入角度分析经济增长形势

从收入角度分析经济增长形势，就是从企业收入、居民收入和政府收入的角度分析经济增长。由于资料的限制，下面从规模以上工业利润、居民收入和财政收入的角度分析 2017 年安徽省的经济增长形势。

一、规模以上工业利润保持上升势头，工业企业效益稳中向好

2017 年，随着安徽省供给侧改革的不断推进，淘汰过剩产能的任务顺利进行，随着老库存的减少与新动能的增加，安徽省的工业利润增速保持平稳上升的势头。2017 年，规模以上工业企业实现利润 2285.3 亿元，同比增长 19.7%，增幅比上年提高 7.4 个百分点。分季度分析，一季度全省规模以上工业实现利润 494.5 亿元，同比增长 26.2%，比去年同期增幅水平提升了 12.1 个百分点，比全国水平低 2.3 个百分点；上半年全省规模以上工业实现利润总额 995.7 亿元，同比增长 15.7%，增速比去年同期低 2.5 个百分点，比全国水平低 6.3 个百分点；前三季度全省规模以上工业企业实现利润总额 1546.7 亿元，同比增长 17.8%，增速比去年同期高 1.2 个百分点，比全国低

5 个百分点。2017 年我省工业利润增速相较于全国水平有所降低，但总体仍保持平稳上升的势头，如图 1－19 所示。

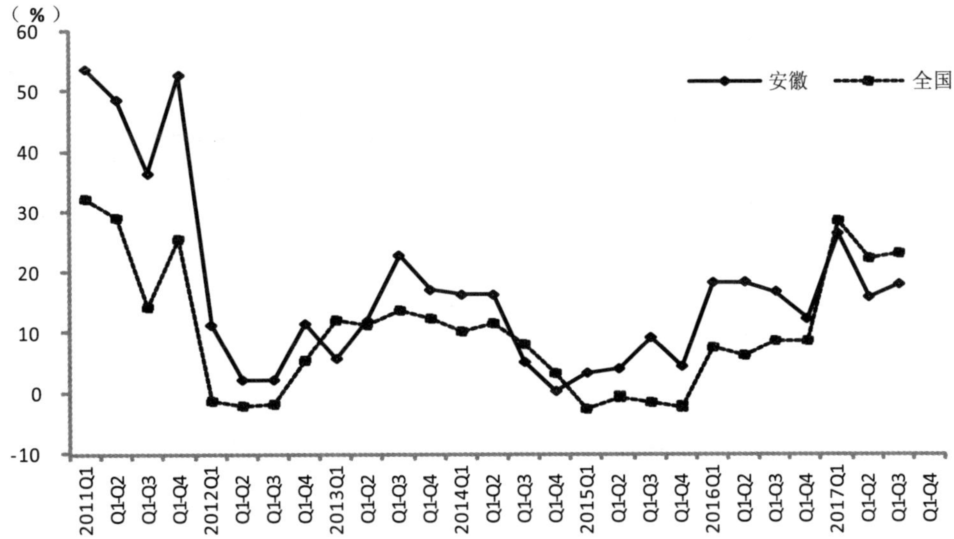

图 1－19　安徽省和全国工业企业利润累计同比增速

二、城乡居民收入保持快速增长，城乡居民收入差距不断缩小

2017 年，安徽省城镇居民人均可支配收入继续保持快速增长。第一季度增长 8.3%，比上年同期水平低 0.4 个百分点，比全国高 0.4 个百分点；上半年增长 8.1%，增速比上年同期低 6 个百分点，与全国水平持平；前三季度城镇居民人均可支配收入增长速度为 8.3%，比全国水平高 0.1 个百分点；2017 年，全省城镇常住居民人均可支配收入为 31640 元，比去年增长 8.5%，增幅比全国高 0.2 个百分点，如图 1－20 所示。

从城镇居民人均可支配收入的四项构成来看，收入结构与去年相比变动不大，工资性收入、经营性收入、财产性收入和转移性收入比例分别为 62.5%、14.9%、7.3%和 15.3%。2017 年，工资性收入增长 8.1%，比去年同期高 0.1 个百分点，经营性收入增长 6.8%，比去年同期高 0.9 个百分点。财产性收入增长 11.1%，比去年同期提高

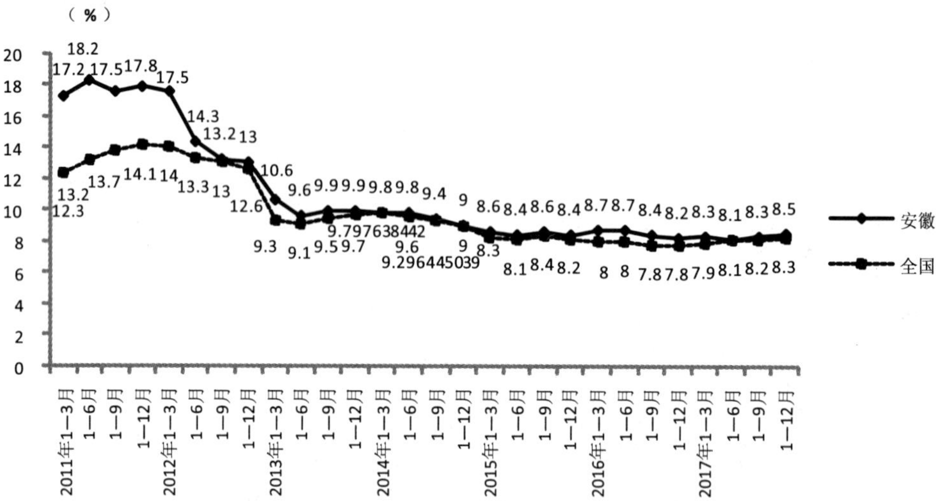

图 1－20 2011 年以来安徽省与全国的城镇居民可支配收入季度同比增速

0.6 个百分点。转移性收入增长 10.8%，比去年同期高 0.1 个百分点，见表 1－7 所列。

表 1－7 城镇居民人均可支配收入及其构成同比名义增速 单位：%

指标	一季度	上半年	前三季度	全年
人均可支配收入	8.3	8.1	8.3	8.5
工资性收入	7.6	7.3	7.8	8.1
经营性收入	7.3	8.4	7.2	6.8
财产性收入	17.6	16.0	17.0	11.1
转移性收入	8.7	7.6	8.1	10.8

2017 年，我省农村居民人均可支配收入保持稳定增长的态势。第一季度，全省农村居民人均可支配收入同比增长 8.7%，比全国同期高 0.3 个百分点（图 1－21）；上半年，全省农村居民人均可支配收入同比增长 8.8%，比第一季度高 0.1 个百分点；前三季度，全省农村居民人均可支配收入同比增长 8.9%，比全国同期低 0.2 个百分点；2017 年，安徽省农村常住居民人均可支配收入为 12758 元，增长 8.9%，增速比去年同期高了 0.6 个百分点，比全国同期高 0.3 个百分点（表 1－8）。

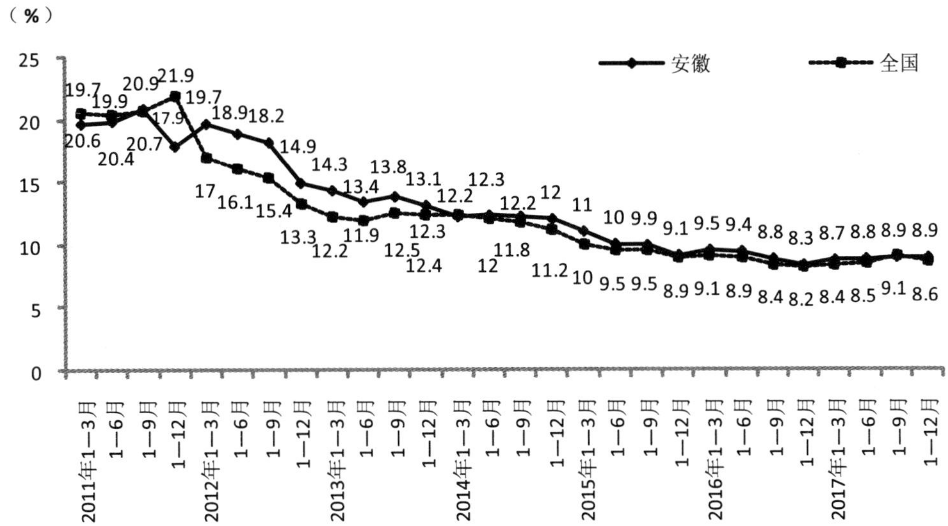

图 1 - 21 2011 年以来安徽省与全国农村居民人均可支配收入同比增速

表 1 - 8 农村居民人均可支配收入及其构成同比名义增速 单位：%

指标	一季度	上半年	前三季度	全年
人均可支配收入	8.7	8.8	8.9	8.9
工资性收入	8.9	7.2	7.7	7.8
经营性收入	9.0	10.4	9.9	9.4
财产性收入	18.5	28.1	17.7	17.2
转移性收入	7.7	8.1	8.8	9.2

从农村居民人均可支配收入的四项构成来看，2017 年工资性收入、经营性收入、财产性收入和转移性收入分别占 36.6%、39.2%、1.6%和 22.6%，收入结构与去年相比变动不大。其中，经营性收入与工资性收入作为农村居民收入的主要收入来源，分别为 4624 元与 5026 元，分别比去年增长 7.8%与 9.4%，分别比去年增加了 333 元与 430 元。财产性收入与转移性收入分别比去年增长 17.2%与 9.2%，分别比去年增加 32 元与 243 元。

2017 年安徽省城乡居民收入比为 2.48∶1，去年同期水平为 2.49∶1，我省城乡居民收入差距进一步缩小。2017 年，安徽省城镇居民人均可支配收入 31640 元，比全国水平低 4756 元；安徽省农村居民人均可支配收入 12758 元，比全国水平低 674 元。2017 年全国城镇人均可支配收入与农村居民人均可支配收入之比为 2.71∶1，安徽省城乡收入差距低于全国平均水平。

三、财政收入平稳快速增长，地方财政收入增速回落，税收结构优化

2017 年全省财政收入保持平稳快速增长态势。一季度全省财政收入同比增长 9.5%，比去年同期低 0.1 个百分点，比全国低 3.6 个百分点；上半年同比增长 12.3%，比去年同期高 3.5 个百分点，比一季度加快 2.8 个百分点，比全国高 2.5 个百分点；前三季度，全省财政收入同比增长 10%，比去年同期低 1.1 个百分点，比全国同期高 0.3 个百分点；2017 年全年，全省财政收入比去年增长 11.1%，比去年高 2.1 个百分点，比全国高 2.6 个百分点（图 1－22）。

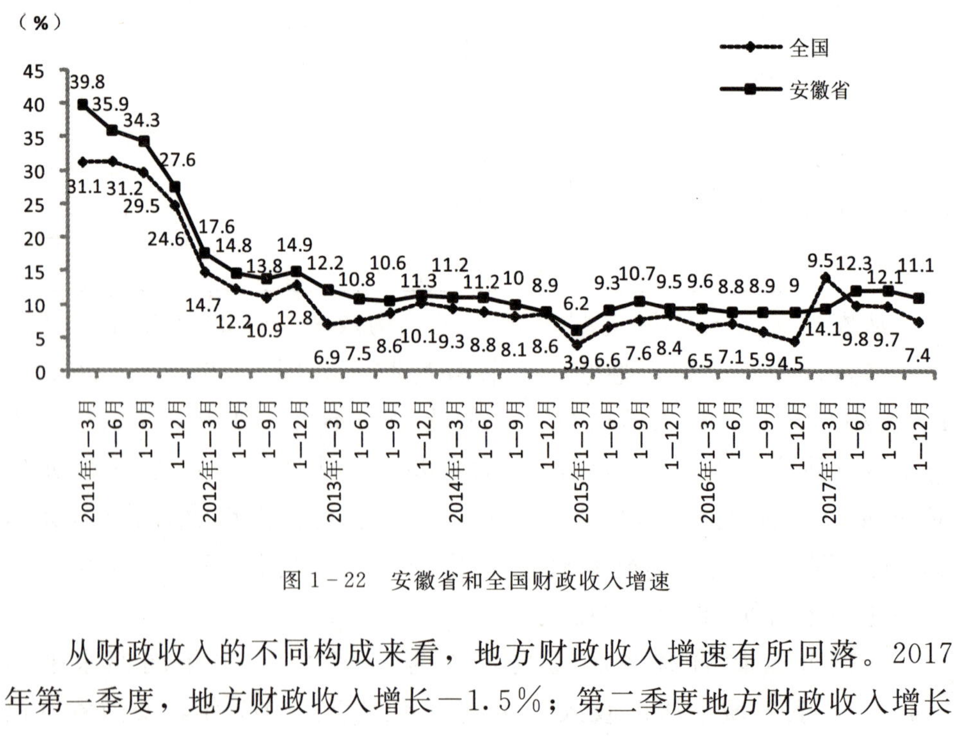

图 1－22　安徽省和全国财政收入增速

从财政收入的不同构成来看，地方财政收入增速有所回落。2017 年第一季度，地方财政收入增长－1.5%；第二季度地方财政收入增长

3.6%，比一季度回升5.1个百分点，比去年同期低5.8个百分点；前三季度，地方财政收入增长4%，比上半年上升0.4个百分点，比去年同期低5个百分点。2017年安徽省地方财政收入为2812.3亿元，比去年增长5.2%，增速比去年低3.7个百分点（图1-23）。

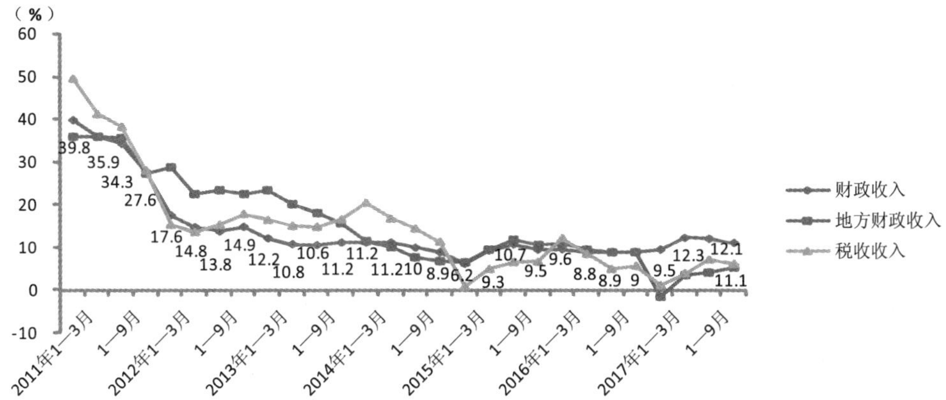

图1-23 财政总收入、地方财政收入和税收收入累计同比增速

从地方财政收入的构成来看，2017年，全省税收收入为1970.5亿元，比去年同期增长6.1%，占全部财政收入的40.6%。由于2016年全面推行的营业税改增值税的税制改革，2017年营业税减少了97.5%，宣告着营业税彻底退出历史舞台。同时增值税增长迅速，全年增速达到50%，我省税收结构更加合理，见表1-9所列。

表1-9 2017年安徽省地方税收收入增速 单位：%

	第一季度		上半年		前三季度		全年	
	累计（亿元）	同比增速（%）	累计（亿元）	同比增速（%）	累计（亿元）	同比增速（%）	累计（亿元）	同比增速（%）
地方财政收入	733.3	－1.5	1514.5	3.6	2189.6	4	2673	5.2
税收收入	524.6	1.1	1073.4	3.9	1557.6	7.1	1970.5	6.1
增值税	211.8	186.1	415.1	124.2	607.4	75.5	795.5	50
营业税	2.2	－98.8	4.6	－98.5	6	－98.1	7.9	－97.5
企业所得税	55.1	5.3	170.8	20.8	229.8	19.7	274.5	17.7
个人所得税	27.3	41.7	45.6	36.7	63.9	36.2	79.4	34
城市建设税	35	8.5	64.4	4.8	94.1	8.9	121.2	6.9

第四节　安徽物价形势分析

一、CPI持续低位运行，医疗保健价格指数涨幅较大

CPI指数是衡量居民消费物价水平的指标，2017年安徽省CPI持续低位运行，且有小幅回落。第一季度CPI同比上涨1.1%，较去年同期水平下降1.1个百分点，比全国水平低0.3个百分点；上半年CPI同比上涨1.2%，涨幅比去年同期低0.6个百分点，比全国低0.2个百分点；前三季度，CPI上涨1.2%，涨幅比去年同期低0.5个百分点，比一季度上升0.1个百分点，与上半年增速相同，低于全国水平0.3个百分点；2017年CPI同比上涨1.2%，涨幅比上年低0.6个百分点，低于全国水平0.4个百分点，如图1-24所示。

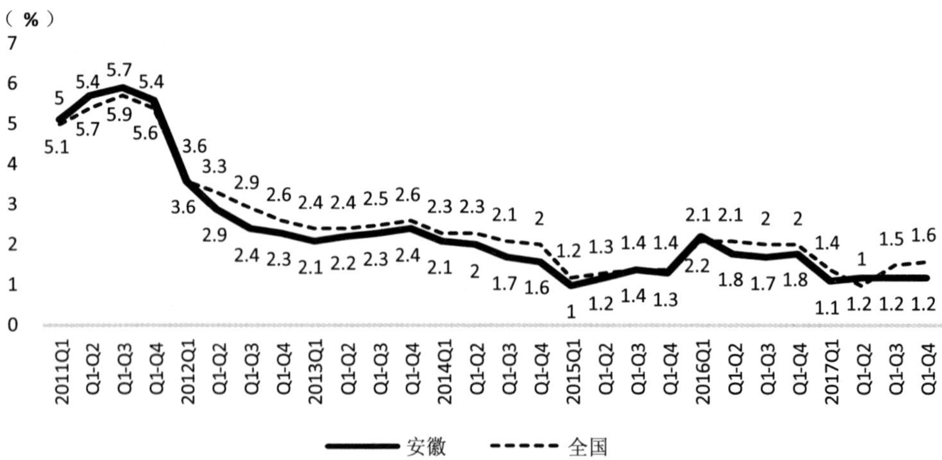

图1-24　安徽省与全国CPI同比增速及比较

从结构上看，2017年一季度、上半年、前三季度和全年安徽省CPI同比增速分别为1.1%、1.2%、1.2%和1.2%。其中，食品烟

酒类价格指数降幅最大，全年同比下降1.1%，低于安徽省CPI同比增速2.3个百分点；医疗保健类价格指数涨幅最大，全年涨幅为3.9%，比CPI涨幅高2.7个百分点，但比全国医疗保健类价格指数涨幅低2.7个百分点。全年各类价格指数涨幅从高到低依次为：医疗保健、教育文化和娱乐与其他用品及服务、居住、衣着、其他用品及服务、生活用品及服务、交通和通信及食品烟酒，见表1-10所列。

表1-10　2017年安徽省与全国各项价格指数增速比较　　单位：%

指标	一季度		上半年		前三季度		全年	
	安徽省	全国	安徽省	全国	安徽省	全国	安徽省	全国
居民消费价格总指数	1.1	1.4	1.2	1	1.2	1.5	1.2	1.6
食品烟酒	−1.9	−4.4	−1.5	−0.2	−1.4	−1.4	−1.1	0.3
衣着	1.5	0.6	1.8	1.4	1.9	0.9	1.8	1.3
居住	2.9	2.4	2.8	2.5	2.7	2.8	2.7	2.8
生活用品及服务	0.7	0.4	1.1	1.1	1.3	0.5	1.4	1.6
交通和通信	1.6	2.0	1.0	0.1	0.4	−1.8	0.4	1.2
教育文化和娱乐	3.6	2.3	3.5	2.5	3.6	2.3	3.3	2.1
医疗保健	3.9	5.3	4.0	5.7	4.0	7.6	3.9	6.6
其他用品和服务	2.3	0.6	2.3	2.8	1.7	2.4	1.5	1.9

二、PPI下跌局面扭转，呈大幅度上扬态势

在经历了连续五年（2012—2016年）下跌后，2017年安徽省工业生产者出厂价格指数（PPI）呈大幅度上扬态势。从分季度数据看，2017年一季度、上半年、前三季度和全年安徽省PPI增幅分别为9.6%、8.7%、8.5%和8%，工业生产者购进价格指数增幅分别为9.1%、9.5%、9.4%和9.2%。

从月度数据来看，1月到3月份PPI增速分别为9.1、9.6和9.6个百分点，涨幅较大，4月至7月份增幅则逐渐回落为9.2%、8.9%、8.7%、8.6%，从8月份至10月份，PPI增速均为8.5%，11至12月份则进一步回落为8.3%、8.0%，如图1-25所示。

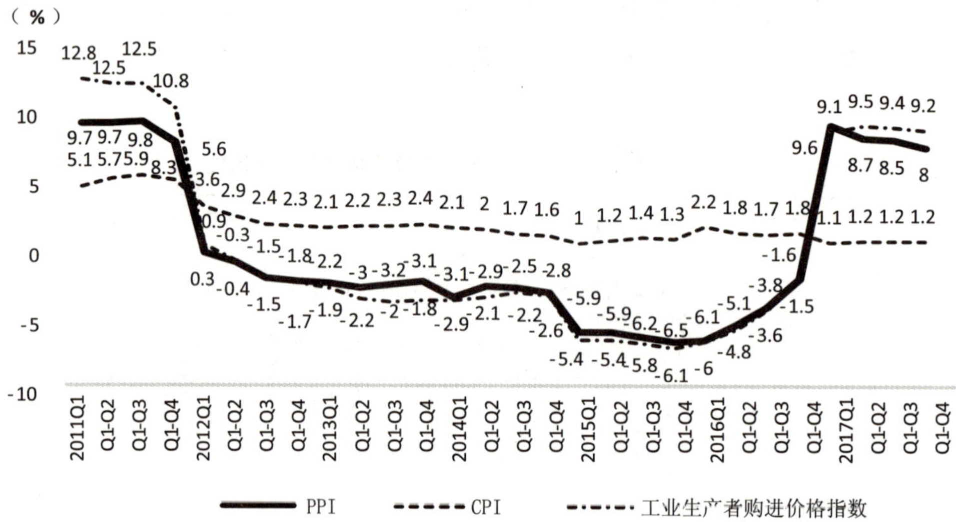

图1-25　2011—2017年各季度CPI、PPI、工业生产者购进价格指数增速

第二章　2017 年安徽经济发展区域比较

2017 年是实施“十三五”规划的重要一年，也是供给侧结构性改革的深化之年。在全国经济稳中向好的大环境之下，安徽省经济发展取得重大成就，实现了稳中有进、稳中向好、稳中见快。本章主要分析比较 2017 年安徽省与周边省市的国民经济运行情况，并分别将安徽省与中部其他五省、长江经济带其他十个省市进行对比，主要从地区生产总值及国民经济的“三驾马车”（消费、投资、出口）等不同视域进行比较分析。选定数据期间为 2016 年和 2017 年，数据主要来源于各省市统计局 2017 年统计年鉴与 2017 年经济运行情况公报。

第一节　安徽与中部其他五省经济发展比较

一、地区生产总值比较

（一）2017 年安徽省地区生产总值居第四位，增速居第二位

2017 年安徽省地区生产总值初步核算数为 27518.7 亿元，按可比价格计算，比上年增长 8.5%，比 2016 年增速 8.7%低 0.2 个百分点。

地区生产总值绝对量上，安徽省排名与 2016 年相同，处于第四位，低于河南省（44988.16 亿元）、湖北省（36522.95 亿元）和湖南省（34590.56 亿元）。在中部六省中，安徽省地区生产总值增速居第二位，位于江西省（8.9%）之后，分别高于湖南省（8%）、河南省（7.8%）、湖北省（7.8%）和山西省（7%）0.5、0.7、0.7、1.5 个百分点（图 2-1）。

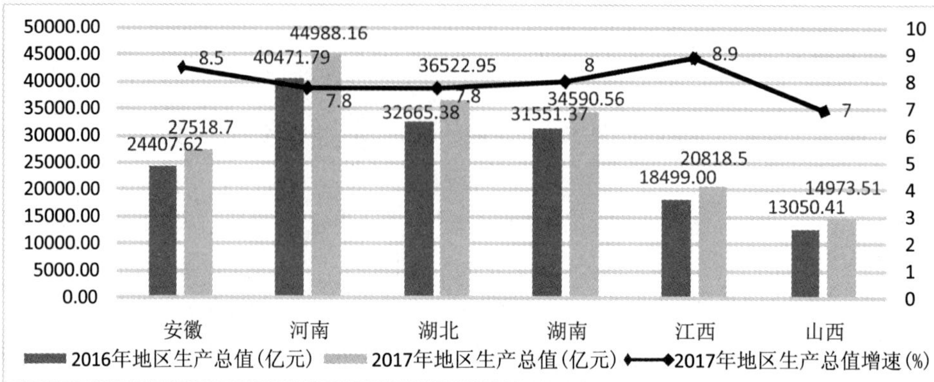

图 2-1 中部六省地区生产总值及增速

(二) 2017 年安徽规模以上工业增加值增速位于中部六省第二位

2017 年安徽省规模以上工业增加值较 2016 年同比增长 9%。在规模以上工业增加值增速这一指标上，中部六省发展比较接近，差距不大，其中江西省增长速度为 9.1%，领先于其他五省，其次为安徽省，略高于河南省（8.0%）、湖北省（7.4%）、湖南省（7.3%）、山西省（7.0%）。从与 2016 年各省规模以上工业增加值增速的对比来看，2017 年安徽、湖南、江西和山西工业经济增长均有所上升，安徽省从 2016 年的 8.8%上升至 9.0%，山西省则从 2016 年的 1.1%上升到 7.0%（图 2-2）。

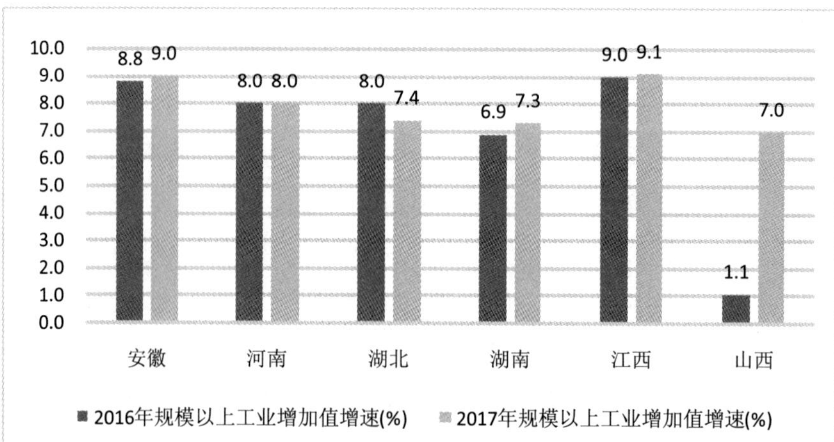

图 2-2 中部六省规模以上工业增加值增速

二、消费比较

（一）2017 年安徽省社会消费品零售总额居第四位，增长速度居第二位

2017 年，安徽省社会消费品零售总额为 11192.6 亿元，位列第四位，排名与 2016 年一致，比河南省（19666.77 亿元）、湖北省（17394.1 亿元）和湖南省（14854.87 亿元）分别低 8474.17 亿元、6201.5 亿元和 3662.27 亿元。从增长速度来看，安徽省社会消费品零售总额同比增长 11.9%，在中部六省之中居第二位，比 2016 年下降一位，比第一位的江西省（12.3%）低 0.4 个百分点。分别高于河南（11.6%）、湖北（11.1%）、山西（6.8%）、湖南（6.3%）四省 0.3、0.8、5.1、5.6 个百分点。安徽、江西、河南、湖北社会消费品零售总额增长速度均在 11%以上，而山西和湖南相对较低（图 2－3）。

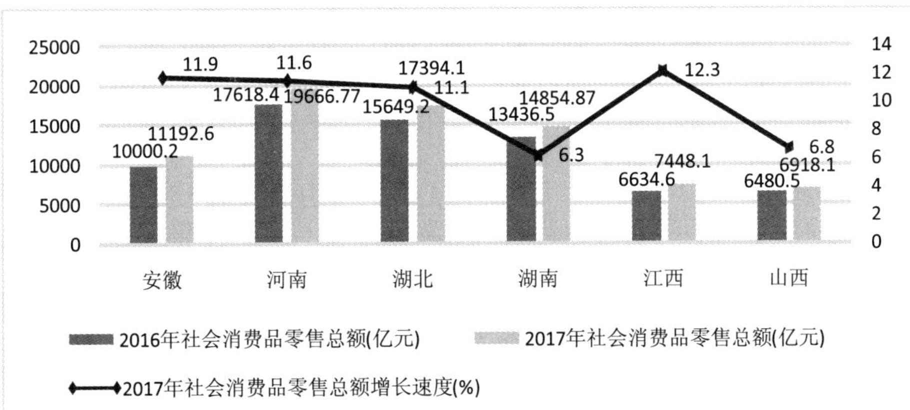

图 2－3 中部六省社会消费品零售总额及增速

（二）2017 年安徽省居民消费价格指数为 101.2%，六省物价均较为稳定

2017 年安徽省居民消费价格指数为 101.2%，物价保持在较为稳定的上升水平，在中部六省中列第五位，比江西省（102.0%）、湖北省（101.5%）、湖南省（101.4%）、河南省（101.4%）分别低 0.8、0.3、0.2、0.2 个百分点。与 2016 年相比，2017 年中部六省中，安

徽、河南、湖北、湖南物价水平均有小幅下跌。其中，安徽省下降0.6个百分点，河南省、湖南省均下降0.5个百分点。下降幅度最大的是湖北省，由2016年的102.2%下降至101.5%，江西省及山西省物价水平保持不变（图2-4）。

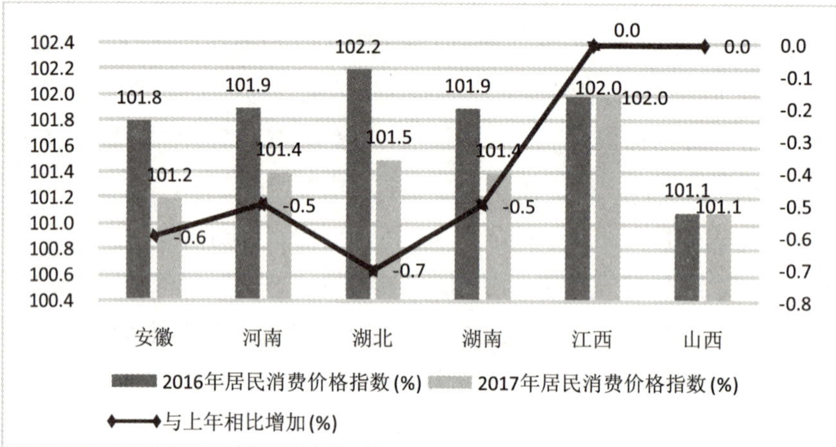

图2-4　中部六省居民消费价格指数及增减

（三）2017年安徽社会消费品零售总额占GDP比重居第五位，增幅升至第三

2017年安徽省社会消费品零售总额占GDP的比重由2016年的41.46%下降至40.67%，下降了0.79个百分点。安徽省社会消费品零售总额占GDP的比重在中部六省中仍保持2016年第五的排名，比湖北省（47.63%）、山西省（46.20%）、河南省（43.72%）、湖南省（42.94%）分别低6.96、5.53、3.05和2.27个百分点。2017年安徽省社会消费品零售总额占GDP比重增幅以−0.79%在六省中排名第三位，比排名第一的湖北（2.76%）低3.55个百分点。除湖北省，其余中部五省社会消费品零售总额占GDP比重均有下降，下降幅度最大的为山西省（−11.09%）（图2-5）。

（四）2017年安徽省城镇居民人均可支配收入仍居第三位，增速并列第二

2017年安徽省城镇居民人均可支配收入继续稳步上升，由2016

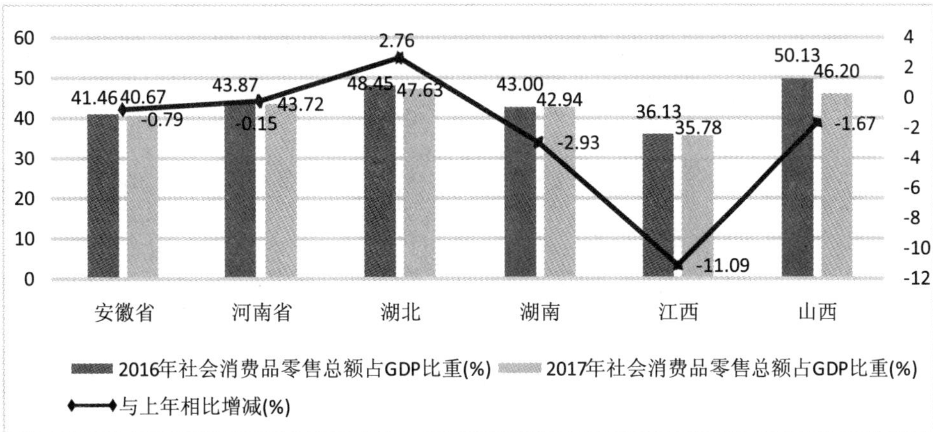

图 2-5　中部六省社会消费品零售总额占 GDP 比重及增减

年的 29155.98 元上升到 31640 元，增加 2484.02 元，增速为 8.5%（图 2-6）。

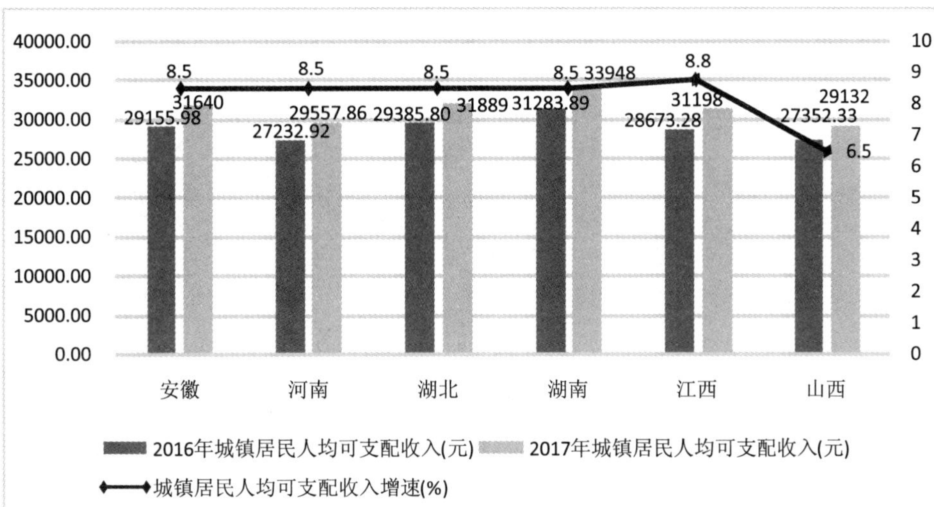

图 2-6　中部六省城镇居民人均可支配收入及增速

从绝对值看，安徽省以 31640 元位列中部六省第三位，与 2016 年排名相同，比第一名湖南省（33948 元）低 2308 元，比第二名湖北省（31889 元）低 249 元，比第四名江西省（31198 元）、第五名河南省

（29557.86 元）和第六名山西省（29132 元）分别高 442 元、2082.14 元和 2508 元。从增速上看，安徽以 8.5％的增速与湖南、湖北、河南并列位于第二位，低于第一名的江西省（8.8％）0.3 个百分点，高于山西省（6.5％）2.0 个百分点。

（五）2017 年安徽省农村居民人均可支配收入居第四位，增速第二

2017 年安徽省农村居民人均可支配收入为 12758 元，比 2016 年增加了 1037.53 元，增速为 8.9％。中部六省中，安徽省农村居民人均可支配收入绝对值排名与 2016 年相同，位于第四位，比第一名湖北省（13812 元）低 1054 元，比第二名江西省（13242 元）、第三名湖南省（12936 元）分别低 484 元、178 元，较河南省（12719.18 元）、山西省（10788 元）分别高 38.82 元、1970 元。在增速方面，中部六省中江西省（9.1％）增速最快，安徽省（8.9％）增速排名第二位，其次为河南省（8.7％）（图 2－7）。

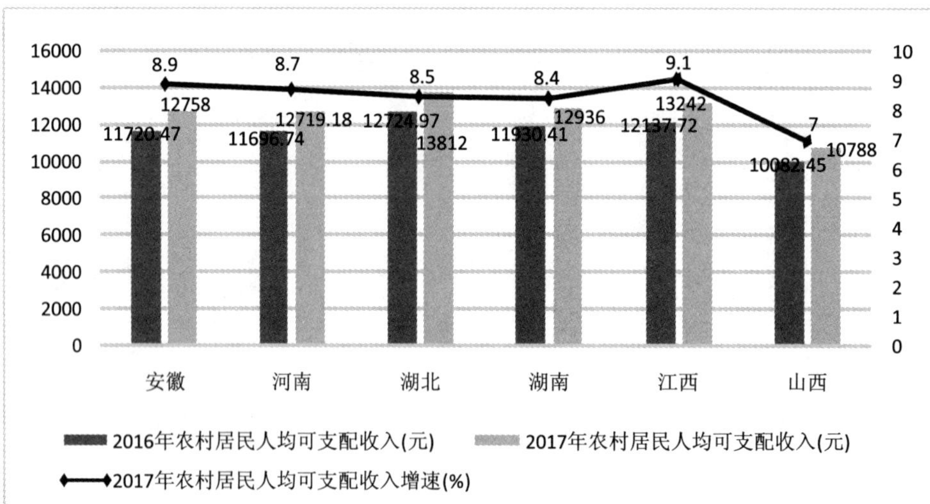

图 2－7 中部六省农村居民人均可支配收入及增速

三、投资比较

2017 年安徽省固定资产投资总额由 2016 年的 27033.38 亿元上升

到 29186 亿元，增加 2152.62 亿元，按可比口径计算增加 11%。在中部六省中，安徽省固定资产投资额排名与 2016 年保持一致，为第四位，比排名第一的河南省（43890.36 亿元）、排名第二的湖北省（31872.57 亿元）、排名第三的湖南省（31328.08 亿元）分别低 14704.36 亿元、2686.57 亿元和 2142.08 亿元，比排名第五的江西省（21770.4 亿元）、第六的山西省（5722.2 亿元）分别高 7415.60 亿元和 23463.80 亿元。从相对数上看，安徽省固定资产投资总额增速处于第四位，比 2016 年上升一位，低于排名第一的湖南省（13.1%）、第二的江西省（12.3%）、第三的湖北省（11.0%），且各省的增长速度较 2016 年也均有所放缓（图 2-8）。

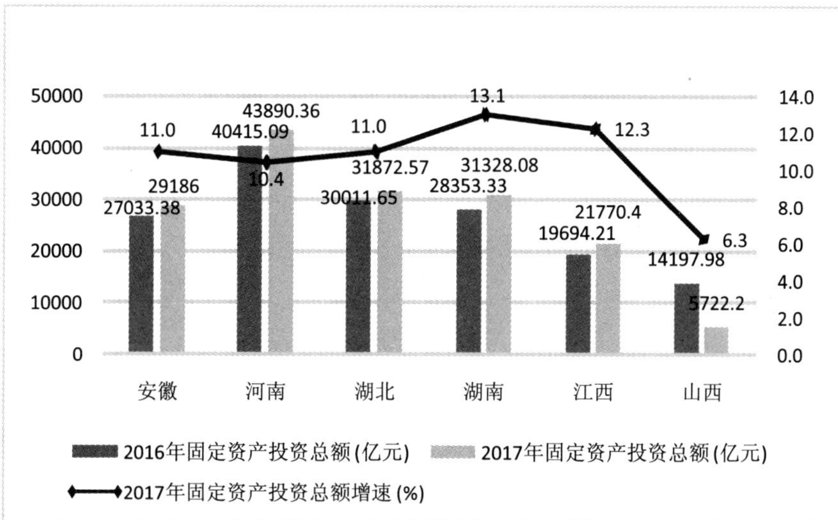

图 2-8　中部六省固定资产投资总额及增速

四、进出口情况比较

（一）2017 年安徽省进出口总额居中部六省第二位，增速排名第二

2017 年安徽省进出口总额较 2016 年快速增长，由 2016 年 2936.1 亿元上升至 3631.6 亿元，增加 695.5 亿元，增速为 23.7%。从总额上

看，安徽省进出口总额居中部六省第二位，比河南省（5232.8 亿元）少 1601.2 亿元，比湖北省（3134.3 亿元）、江西省（3020 亿元）、湖南省（2434.3 亿元）和山西省（1161.9 亿元）分别高出 497.3 亿元、611.6 亿元、1197.3 亿元和 2469.7 亿元。从增速上看，安徽省进出口总额增速居中部六省第二位，除山西外其余五省增速均高于 10%，外贸形势明显向好，进出口总额增长幅度较大（图 2－9）。

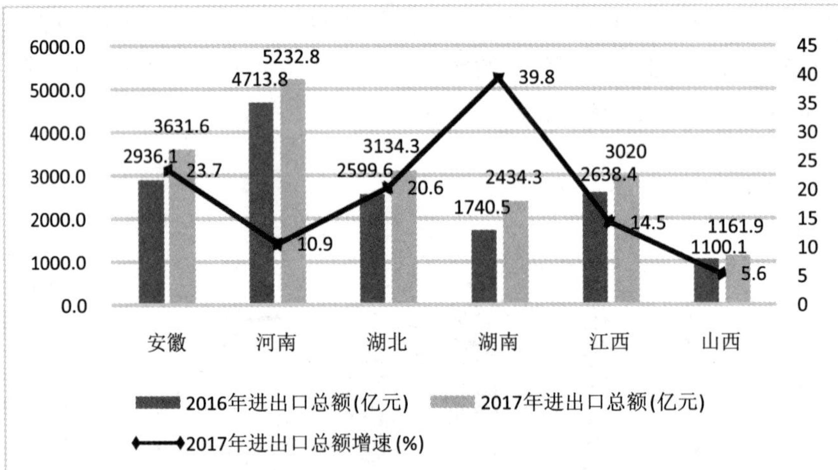

图 2－9 中部六省进出口总额及增速

（二）2017 年安徽省出口总额居第三位，增速排名第五

2017 年安徽省出口总额从 2016 年的 1880.0 亿元上升至 2065.2 亿元，上升 9.8%。从总额上看，安徽居中部六省第三位，比第一名的河南省（3171.8 亿元）、第二名的江西省（2222.6 亿元）分别低 1106.6 亿元、157.4 亿元，比湖北省（2064.1 亿元）、湖南省（1565.5 亿元）分别高 1.1 亿元、499.7 亿元，比最后一名山西省（690.3 亿元）高 1374.9 亿元。从增速上看，安徽省出口总额增速居中部六省第五位，与 2016 年相比上升一位（图 2－10）。

（三）2017 年安徽省进口总额排名第二，增速排名第二

2017 年安徽省进口总额为 1566.4 亿元，较 2016 年增加 510.4 亿元，增速为 48.3%（图 2－11）。

图 2-10 中部六省出口总额及增速

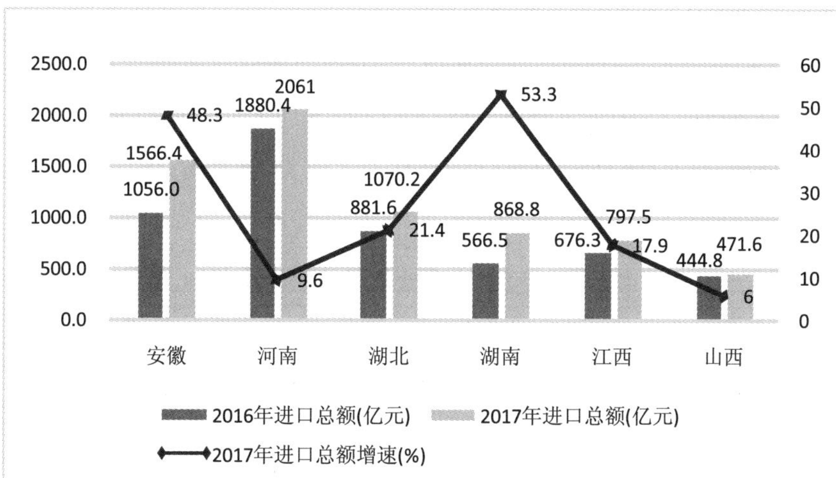

图 2-11 中部六省进口总额及增速

从总额上看，安徽省进口总额在中部六省中排名与2016年相同，比第一名河南省（2061亿元）少494.6亿元，比第三名的湖北省（1070.2亿元）多496.2亿元。湖南省（868.8亿元）、江西省（797.5亿元）分别比安徽省少697.6亿元、768.9亿元，山西省（471.6亿元）比安徽省少1094.8亿元。从增速上看，安徽省较2016年有所上升，居中部六省第二位，比第一名的湖南省（53.3%）低5个百分点，比第六名山西省（6%）高 42.3 个百分点。

第二节　安徽与长江经济带各省市经济发展比较

第二部分以安徽省与长江经济带其他十个省市的经济发展对比作为研究内容。长江经济带是中国新一轮改革开放转型实施开放开发战略的新区域，覆盖上海、江苏、浙江、安徽、江西、湖北、湖南、重庆、四川、云南和贵州 11 个省市。

一、地区生产总值比较

（一）2017 年安徽省地区生产总值排名第七，中游稍偏后

2017 年安徽省生产总值为 27518.7 亿元，在长江经济带 11 个省市中排名第七位，位于江苏、浙江、四川、湖北、湖南和上海之后，高于江西、重庆、云南和贵州。与 2016 年相比，在绝对量上，上各省市都有不同程度的提高；在相对排名上，安徽省稳定在中游稍偏后第七名的位置，其余各省排名与 2016 年对比无差异（表 2－1）。

表 2－1　长江经济带各省市地区生产总值　　单位：亿元

地区	2016 年		2017 年		地区	2016 年		2017 年	
	地区生产总值	排名	地区生产总值	排名		地区生产总值	排名	地区生产总值	排名
安徽	24407.62	7	27518.7	7	浙江	47251.36	2	51768.00	2
湖北	32665.38	4	36522.95	4	重庆	17740.59	9	19500.27	9
湖南	31551.37	5	34590.56	5	四川	32934.54	3	36980.2	3
江西	18499.00	8	20818.5	8	云南	14788.42	10	16531.34	10
上海	28178.65	6	30133.86	6	贵州	11776.73	11	13540.83	11
江苏	77388.28	1	85900.9	1	—	—	—	—	—

（二）2017 年安徽省规模以上工业增加值增速居长江经济带 11 个省市第五位

2017 年安徽省规模以上工业增加值增速为 9.0%，与 2016 年相比上升了 0.2 个百分点。长江经济带 11 个省市规模以上工业增加值增速有快有慢，其中安徽省在长江经济带 11 个省市中相对排名为第五位，与 2016 年相比下降一位，低于第一名云南省、第二名重庆市、第三名贵州省、第四名江西省，高于四川省、浙江省、江苏省、湖北省、湖南省和上海市（表 2－2）。

表 2－2 长江经济带各省市规模以上工业增加值增速 单位：%

地区	安徽	湖北	湖南	江西	上海	江苏	浙江	重庆	四川	云南	贵州
2016 年	8.8	8.0	6.9	9.0	0.8	7.7	6.2	10.3	7.9	6.5	9.9
排名	4	5	8	3	11	7	10	1	6	9	2
2017 年	9.0	7.4	7.3	9.1	6.8	7.5	8.3	9.6	8.5	10.6	9.5
排名	5	9	10	4	11	8	7	2	6	1	3

二、消费比较

（一）2017 年安徽省社会消费品零售总额居第七位

全社会消费品零售总额是表现消费需求最直接的指标，安徽省 2017 年社会消费品零售总额为 11193 亿元，较 2016 年有所提高，增长速度为 11.9%。长江经济带 11 个省市中，安徽省社会消费品零售总额排名与地区生产总值一样，均是中游偏后的第七位，仍有进一步提高的空间。位于第一名江苏省、第二名浙江省、第三名四川省、第四名湖北省、第五名湖南省、第六名上海市之后，高于重庆市、江西省、云南省和贵州省（表 2－3）。

表 2－3 长江经济带各省市社会消费品零售总额 单位：亿元

地区	安徽	湖北	湖南	江西	上海	江苏	浙江	重庆	四川	云南	贵州
2016 年	10000	15649	13437	6635	10947	28707	21971	7271	15502	5723	3709
排名	7	3	5	9	6	1	2	8	4	10	11
2017 年	11193	17394	14855	7448	11830	31737	24308	8068	17481	6423	4154
排名	7	4	5	9	6	1	2	8	3	10	11

（二）2017 年安徽省社会消费品零售总额占 GDP 比重居第六位

全社会消费品零售总额占 GDP 比重可以衡量消费对经济的贡献程度，2017 年安徽省社会消费品零售总额占 GDP 比重居长江经济带 11 个省市中的第六位，较 2016 年安徽省社会消费品零售总额占 GDP 比重排名第五位下降一位，低于第一名湖北省、第二名四川省、第三名浙江省、第四名湖南省以及第五名重庆市（表 2-4）。

表 2-4 长江经济带各省市社会消费品零售总额占 GDP 比重 单位：%

地区	安徽	湖北	湖南	江西	上海	江苏	浙江	重庆	四川	云南	贵州
2016 年	41.46	48.45	43.00	36.13	39.85	37.73	47.26	41.41	47.43	38.49	31.61
排名	5	1	4	10	7	9	3	6	2	8	11
2017 年	40.67	47.63	42.94	35.78	39.26	36.95	46.96	41.37	47.27	38.85	30.68
排名	6	1	4	10	7	9	3	5	2	8	11

（三）2017 年安徽省居民消费价格指数为 101.2%，位于长江经济带第四名

2017 年安徽省居民消费价格指数为 101.2%，与 2016 年相比，居民消费价格指数下降 0.6 个百分点。将居民消费价格指数倒序排列，安徽省位于第 4 位，由此可以表明，在长江经济带 11 个省市中，安徽省通胀幅度控制在较好水平，低于湖南省、四川省、湖北省、上海市、江苏省、江西省、浙江省（表 2-5）。

表 2-5 长江经济带各省市居民消费价格指数 单位：%

地区	安徽	湖北	湖南	江西	上海	江苏	浙江	重庆	四川	云南	贵州
2016 年	101.8	102.2	101.9	102.0	103.2	102.3	101.9	102.0	101.9	101.5	101.4
排名	3	9	4	7	11	10	4	7	4	2	1
2017 年	101.2	101.5	101.4	102.0	101.7	101.7	102.1	101.0	101.4	100.9	100.9
排名	4	7	5	10	8	8	11	3	5	1	1

（四）2017年安徽省城镇居民人均可支配收入保持第七名

城镇居民人均可支配收入是指反映居民全部现金收入能用于安排家庭日常生活的那部分收入，2017年安徽省城镇居民人均可支配收入为31640元，较2016年29156元有了8.5%的提高。在长江经济带11个省市中，安徽省城镇居民人均可支配收入排在第七的位置，排名中游靠后，仍然具有较为迫切的增长要求，排名较2016年没有变动，低于上海市、浙江省、江苏省、湖南省、重庆市、湖北省（表2－6）。

表2－6 长江经济带各省市城镇居民人均可支配收入 单位：元

地区	安徽	湖北	湖南	江西	上海	江苏	浙江	重庆	四川	云南	贵州
2016年	29156	29386	31284	28673	57692	40152	47237	29610	28335	28611	26743
排名	7	6	4	8	1	3	2	5	10	9	11
2017年	31640	31889	33948	31198	62596	43622	51261	32193	30727	30996	29080
排名	7	6	4	8	1	3	2	5	10	9	11

（五）2017年安徽省农村居民人均可支配收入排名与2016年相同，排名第七

农村居民人均可支配收入是一项重要的反映地区农村居民收入平均水平的指标，2017年安徽省农村居民人均可支配收入为12758元，较2016年11720元增加了1038元。在长江经济带11个省市中，安徽省2017年排名第七，低于上海市、浙江省、江苏省、湖北省、江西省、湖南省，高于重庆市、四川省、云南省和贵州省，较2016年排名没有变化。绝对量上11个省市的农村居民人均可支配收入均有不同程度的上升（表2－7）。

表2－7 长江经济带各省市农村居民人均可支配收入 单位：元

地区	安徽	湖北	湖南	江西	上海	江苏	浙江	重庆	四川	云南	贵州
2016年	11720	12725	11930	12138	25520	17606	22866	11549	11203	9020	8090
排名	7	4	6	5	1	3	2	8	9	10	11

（续表）

地区	安徽	湖北	湖南	江西	上海	江苏	浙江	重庆	四川	云南	贵州
2017 年	12758	13812	12936	13242	27825	19158	24956	12638	12227	9862	8869
排名	7	4	6	5	1	3	2	8	9	10	11

三、投资比较

2017 年安徽省固定资产投资额居第六位，处于中游。

固定资产投资额是以货币表现的建造和购置固定资产活动的工作量，它能够反映地区的投资情况。2017 年安徽省固定资产投资额为 29186 亿元，比 2016 年 26758 亿元高出 2428 亿元。投资额低于江苏省、四川省、湖北省、湖南省、浙江省，排名第六，高于江西省、云南市、重庆市、贵州省和上海市 5 个省市，处于中游位置（表 2－8）。

表 2－8　长江经济带各省市固定资产投资总额　　单位：亿元

地区	安徽	湖北	湖南	江西	上海	江苏	浙江	重庆	四川	云南	贵州
2016 年	26758	29504	27688	19379	6756	49371	29571	17367	29126	15662	12929
排名	6	3	5	7	11	1	2	8	4	9	10
2017 年	29186	31873	31328	21770	7247	53000	31126	17441	32097	18475	15000
排名	6	3	4	7	11	1	5	9	2	8	10

四、进出口比较

（一）2017 年安徽省进出口总额列第六位

2017 年安徽省进出口总额创历史新高，外贸发展质量持续提升。在全球经济稳中向好的大环境下，长江经济带 11 个省市进出口总额均有不同幅度的上升。安徽省 2017 年进出口总额在长江经济带 11 个省市中排名第六，与 2016 年相同，依次低于江苏省、上海市、浙江省、四川省和重庆市。安徽省进出口总额保持中等水平（表2-9）。

表2-9　长江经济带各省市进出口总额　　单位：亿元

地区	安徽	湖北	湖南	江西	上海	江苏	浙江	重庆	四川	云南	贵州
2016年	2936	2600	1741	2638	28662	33614	22207	4139	3261	1317	376
排名	6	8	9	7	2	1	3	4	5	10	11
2017年	3632	3134	2434	3020	32238	40022	25604	4508	4606	1579	549
排名	6	7	9	8	2	1	3	5	4	10	11

（二）2017年安徽省出口总额居长江经济带第七位

2017年安徽省出口总额较2016年小幅增长，由2016年1880亿元上升至2065亿元，长江经济带11个省市出口总额均有不同幅度的上升。

安徽省2017年出口总额在11个省市中排名第7位，低于江苏省、浙江省、上海市、重庆市、四川省和江西省，高于湖北省、湖南省、云南省和贵州省，安徽省出口总额在长江经济带中仍有较大增长空间（表2-10）。

表2-10　长江经济带各省市出口总额　　单位：亿元

地区	安徽	湖北	湖南	江西	上海	江苏	浙江	重庆	四川	云南	贵州
2016年	1880	1718	1174	1962	12098	21044	17667	2675	1848	760	312
排名	6	8	9	5	3	1	2	4	7	10	11
2017年	2065	2064	1566	2223	13120	24607	19446	2884	2539	772	390
排名	7	8	9	6	3	1	2	4	5	10	11

（三）2017年安徽省进口总额排名第六

2017年安徽省进口总额为1566亿元，较2016年1056亿元上升了

510 亿元，其余 10 个省市进口总额均有不同程度上升。2017 年安徽省进口总额相对排名与 2016 年相同，为第六位，处于中间位置，低于上海市、江苏省、浙江省、四川省和重庆市，高于湖北省、湖南省、云南省、江西省和贵州省（表 2－11）。

表 2－11　长江经济带各省市进口总额　　单位：亿元

地区	安徽	湖北	湖南	江西	上海	江苏	浙江	重庆	四川	云南	贵州
2016 年	1056	882	566	676	16564	12570	4541	1464	1414	557	63
排名	6	7	9	8	1	2	3	4	5	10	11
2017 年	1566	1070	869	798	19118	15415	6158	1625	2067	807	159
排名	6	7	8	10	1	2	3	5	4	9	11

第三节　综合比较

上文根据 2017 年各单项经济增长指标，将安徽省与中部其他各省以及长江经济带各省市进行横向对比。本章最后一部分，采用主成分分析法对中部六省、长江经济带各省市的经济运行情况进行综合评价，考察 2016—2017 年中部六省、长江经济带省市的经济运行综合情况。另外，采用聚类分析对长江经济带 11 个省市进行聚类分析，剖析区域经济发展的共同特征。

一、中部六省经济运行情况综合评价

本部分采用前文讨论的地区生产总值、规模以上工业增加值增速、社会消费品零售总额、社会消费品零售总额占 GDP 比重、城镇居民人均可支配收入、农村居民人均可支配收入、固定资产投资总额、出口总额和进口总额共 9 个指标。居民消费价格指数为适度指标，综合评

价时未包括。中部六省 2017 年与 2016 年的指标，相关指标数据详见附表 2-1 所列。中部六省经济运行情况综合评价采用主成分分析法。主成分分析过程中，主成分的选择标准是先满足累计贡献率在 85%以上，然后再筛选特征值大于 1 的主成分，计算各省主成分得分，并进行排名。中部六省经济运行情况综合评价得分及排名见表 2-12 所列。综合评价得分为负值，表示该地区经济发展水平低于中部六省平均水平。

表 2-12　中部六省经济运行情况综合评价得分及排名

	2016 年		2017 年	
	综合得分	位次	综合得分	位次
安徽省	−0.0772	4	−0.1784	4
河南省	2.0821	1	1.4632	1
湖北省	0.8562	2	1.0988	2
湖南省	0.0548	3	0.6102	3
江西省	−0.9794	5	−1.0512	5
山西省	−1.9366	6	−1.9425	6

从上表可以看出，2017 年安徽省在中部六省中的排名与 2016 年相同，居第四位，低于河南省、湖北省和湖南省，高于江西省和山西省。其他各省排名也相对稳定，没有变动。

二、长江经济带经济运行情况综合评价

长江经济带经济运行情况综合评价采用地区生产总值、规模以上工业增加值增速、社会消费品零售总额、社会消费品零售总额占 GDP 比重、城镇居民人均可支配收入、农村居民人均现金收入、固定资产投资总额、出口总额和进口总额共 9 个指标。长江经济带各省市 2017 年与 2016 年的指标，相关指标数据详见附表 2-2 所列。

（一）主成分分析

长江经济带各省市经济运行情况综合评价得分及排名见表 2－13 所列。综合评价得分为负值，表示该地区经济发展水平低于长江经济带 11 省市的平均水平。

表 2－13 长江经济带各省市经济运行情况综合评价得分及排名

地区	2016 年综合得分	2016 年排名	2017 年综合得分	2017 年排名
安徽省	－0.5322	7	－0.5744	7
湖北省	0.3561	4	0.2321	4
湖南省	0.0030	6	0.0415	6
江西省	－1.1589	9	－1.0869	8
上海市	0.7128	3	0.6971	3
江苏省	2.8685	1	3.3814	1
浙江省	1.9616	2	1.7584	2
重庆市	－0.9890	8	－1.1368	9
四川省	0.2349	5	0.0534	5
云南省	－1.3777	10	－1.4391	10
贵州省	－2.0788	11	－1.9267	11

从长江经济带 11 个省市经济运行情况的主成分综合评价结果来看，2017 年横向比较中安徽省位于第 7 位，处于中游稍偏后的位置，低于江苏省、浙江省、上海市、湖北省、四川省和湖南省，高于江西省、重庆市、云南省和贵州省。纵向比较中，2017 年与 2016 年安徽省排名位置相同，没有变化，其他各省市排名也相对稳定，没有较大变动。

（二）聚类分析

聚类分析是一种依据研究对象的数值特征，对其进行分类，将一组研究对象分为相对同质的群组的统计分析技术。本节采用系统聚类方法对长江经济带 11 个省市进行聚类分析，考察长江经济带城市经济发展水平的相似性。根据 2017 年各省市上述 9 个经济指标，将长江经济带 11 个省市聚成三大类，得到长江经济带 11 个省市聚类分析树状图，如图 2 - 12 所示。

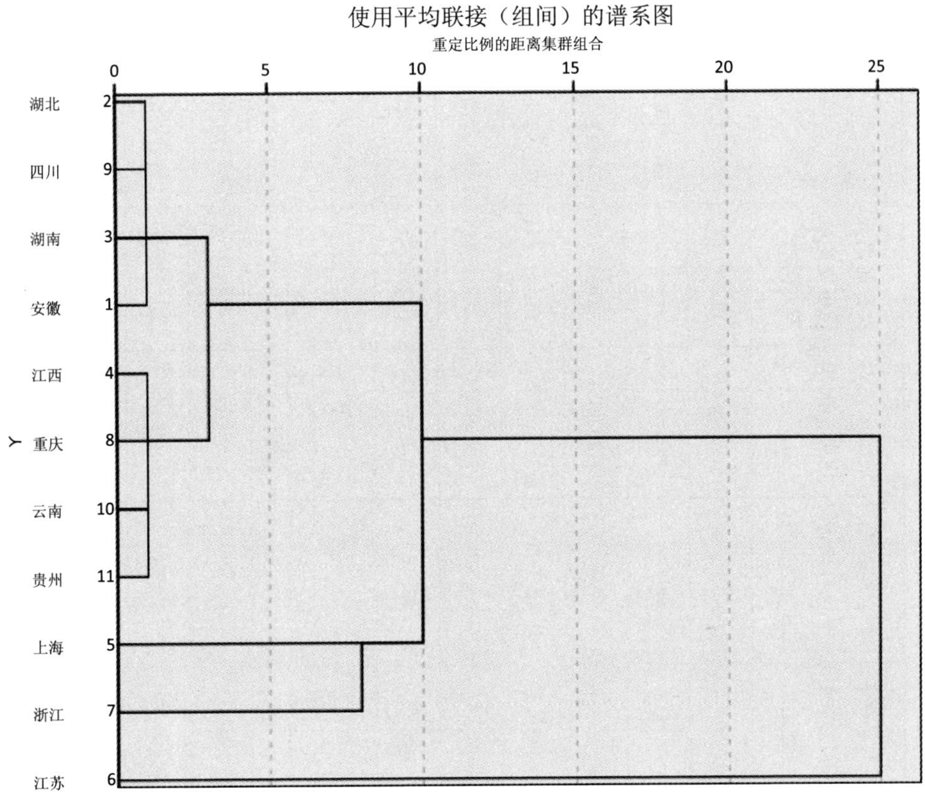

图 2 - 12　长江经济带 11 个省市聚类分析树状图

从长江经济带 11 个省市的聚类分析树状图可以看出，将长江经济带划分为 3 大类时，第一类为江苏省，第二类是浙江省和上海市，其他 8 个省市为第三类。安徽省同湖北省、四川省、湖南省、江西省、重庆市、云南省、贵州省为同一梯队，并且与湖南省、四川省和湖北省类中心更为接近。其中第一梯队的江苏省与第二梯队的浙江省、上海市，是经济发展的优势省份（市）。安徽省作为长江经济带承东启西的枢纽，应积极融入，推动省域经济与江浙沪区域板块深度嵌合，成为长江经济带的重要战略支撑。

附表 2－1 2016—2017 年中部六省综合对比指标

年度	地区	地区编号	地区生产总值（亿元）	规模以上工业增加值增速（%）	社会消费品零售总额（亿元）	社会消费品零售总额占GDP 比重（%）	城镇居民人均可支配收入（元）	农村居民人均可支配收入（元）	固定资产投资额（亿元）	出口总额（亿元）	进口总额（亿元）
2016	安徽	1	24407.62	8.8	10000.2	40.97	29155.98	11720.47	27033.38	1880.0	1056.0
	河南	2	40471.79	8	17618.4	43.53	27232.92	11696.74	40415.09	2833.4	1880.4
	湖北	3	32665.38	8	15649.2	47.91	29385.8	12724.97	30011.65	1717.9	881.6
	湖南	4	31551.37	6.9	13436.5	42.59	31283.89	11930.41	28353.33	1174.1	566.5
	江西	5	18499	9	6634.6	35.86	28673.28	12137.72	19694.21	1962.2	676.3
	山西	6	13050.41	1.1	6480.5	49.66	27352.33	10082.45	14197.98	655.3	444.8
2017	安徽	1	27518.7	9	11192.6	40.67	31640	12758	29186	2065.2	1566.4
	河南	2	44988.16	8	19666.77	43.72	29557.86	12719.18	43890.36	3171.8	2061
	湖北	3	36522.95	7.4	17394.1	47.63	31889	13812	31872.57	2064.1	1070.2
	湖南	4	34590.56	7.3	14854.87	42.94	33948	12936	31328.08	1565.5	868.8
	江西	5	20818.5	9.1	7448.1	35.78	31198	13242	21770.4	2222.6	797.5
	山西	6	14973.51	7	6918.1	46.2	29132	10788	5722.2	690.3	471.6

附表 2-2 2016—2017 年长江经济带各省市综合对比指标

年份	地区	地区编号	地区生产总值(亿元)	规模以上工业增加值增速(%)	全社会消费品零售总额(亿元)	社会消费品零售总额占GDP比重(%)	城镇居民人均可支配收入(元)	农村居民人均可支配收入(元)	固定资产投资总额(亿元)	出口总额(亿元)	进口总额(亿元)
2016	安徽	1	24407.62	8.8	10000.2	40.97	29155.98	11720.47	27033.38	1880.0	1056.0
	湖北	2	32665.38	8	15649.2	47.91	29385.8	12724.97	30011.65	1717.9	881.6
	湖南	3	31551.37	6.9	13436.5	42.59	31283.89	11930.41	28353.33	1174.1	566.5
	江西	4	18499	9	6634.6	35.86	28673.28	12137.72	19694.21	1962.2	676.3
	上海	5	28178.65	0.8	10946.57	38.86	57691.67	25520.4	6755.88	12097.9	16564.4
	江苏	6	77388.28	7.7	28707.1	37.09	40151.59	17605.64	49663.21	21044.1	12570.2
	浙江	7	47251.36	6.2	21970.8	46.5	47237.18	22866.07	30276.07	17666.5	4540.7
	重庆	8	17740.59	10.3	7271.4	40.99	29609.96	11548.79	16048.1	2675.2	1463.9
	四川	9	32934.54	7.9	15601.9	47.37	28335.3	11203.13	28811.95	1847.7	1413.8
	云南	10	14788.42	6.5	5722.9	38.7	28610.57	9019.81	16119.4	760.4	556.5
	贵州	11	11776.73	9.9	3709	31.49	26742.61	8090.28	13204	312.5	63.1

（续表）

年份	地区	地区编号	地区生产总值（亿元）	规模以上工业增加值增速（%）	全社会消费品零售总额（亿元）	社会消费品零售总额占GDP比重（%）	城镇居民人均可支配收入（元）	农村居民人均可支配收入（元）	固定资产投资总额（亿元）	出口总额（亿元）	进口总额（亿元）
2017	安徽	1	27518.7	9	11192.6	40.67	31640	12758	29186	2065.2	1566.4
	湖北	2	36522.95	7.4	17394.1	47.63	31889	13812	31872.57	2064.1	1070.2
	湖南	3	34590.56	7.3	14854.87	42.94	33948	12936	31328.08	1565.5	868.8
	江西	4	20818.5	9.1	7448.1	35.78	31198	13242	21770.4	2222.6	797.5
	上海	5	30133.86	6.9	11830.27	39.26	62596	27825	7246.60	13120.31	19117.51
	江苏	6	85900.9	7.2	31737	36.95	43622	19158	53000	24607	15415
	浙江	7	51768	7.8	24308	46.96	51261	24956	31126	19446	6158
	重庆	8	19500.27	9.3	8067.67	41.37	32193	12638	17440.57	2883.71	1624.54
	四川	9	36980.2	8.5	17480.5	47.27	30727	12227	32097.3	2538.5	2067.4
	云南	10	16531.34	9.5	6423.06	38.85	30996	9862	18474.89	772.1	806.6
	贵州	11	13540.83	10.2	4154.00	30.68	29080	8869	15000	390.17	158.86

第三章 2018 年安徽经济发展前景预测

第一节 安徽经济发展环境的定性分析

2017 年，在以习近平同志为核心的党中央坚强领导下，各地区各部门全面贯彻落实党中央、国务院决策部署，坚持稳中求进工作总基调，贯彻新发展理念，以供给侧结构性改革为主线，推动结构优化、动力转换和质量提升，国民经济稳中向好、好于预期，经济活力、动力和潜力不断释放，稳定性、协调性和可持续性明显增强，实现了平稳健康发展。在国内经济环境稳中向好的背景下，安徽省把握机遇，在省委、省政府的坚强领导下，全省上下坚持以习近平新时代中国特色社会主义思想为指导，全面贯彻落实党的十八大、十九大精神和习近平总书记视察安徽重要讲话精神，以实施五大发展行动计划为总抓手，践行新发展理念，深入推进供给侧结构性改革，着力促进实体经济发展，实现了经济稳中有进、稳中向好。初步核算，全年全省生产总值 27518.7 亿元，按可比价格计算，比上年增长 8.5%。其中，第一产业增加值 2611.7 亿元，增长 4%；第二产业增加值 13486.6 亿元，增长 8.6%；第三产业增加值 11420.4 亿元，增长 9.7%。一、二、三次产业比例为 9.5∶49∶41.5，人均 GDP 44206 元（折合 6547 美元）。从各经济类型来看，2017 年全省农业生产形势较好，工业生产稳中加快，固定资产投资较快增长，消费品市场平稳运行，进出口总额快速增长，金融机构存贷款规模扩大，发展质量和效益稳步提升，供给侧结构性改革取得新进展。

从国际环境来看，2017 年，世界经济增长步伐加快，复苏稳健，是近年来表现最好的一年，全球约 75%的国家经济实现正增长，实现了较为全面的同步复苏；发达经济体增长势头较强，欧元区经济增长 2.4%，美国和日本经济增速紧随其后，分别达到 2.3%和 1.7%，复苏程度好于预期；新兴经济体和发展中国家的快速增长是拉动全球经济强劲复苏的主要动力，增速将达到 4.6%。从国内环境来看，中国经济的稳定增长，成为全球经济增长的主要推动力，在世界经济稳步复苏的进程中，持续发挥着“压舱石”和“助推器”的作用；中国所提出的“一带一路”倡议得到了国际社会的普遍响应，推动了“一带一路”沿线国家经济发展。2017 年，我国经济增长总体平稳，经济结构不断优化，服务业对经济增长的贡献持续提升，消费需求仍是经济增长的主要拉动力，新动能成为经济增长的重要动力，经济增长质量不断提高。数据显示，2017 年，我国国内生产总值为 827122 亿元，比上年增加 83537 亿元，折合成美元相当于 2016 年世界排名第 14 位的澳大利亚 GDP 总量规模（根据世界银行发布的数据）。

省十二届人大一次会议以来的五年，是安徽省科技创新提挡增速、成果丰硕的五年，安徽区域创新能力连续五年居全国第一方阵、中部地区前列。五年来，省委、省政府坚持把创新作为引领发展的第一动力，相继获批系统推进全面创新改革试验省、合芜蚌国家自主创新示范区、合肥综合性国家科学中心，奠定了安徽在全国创新体系中的重要地位。2017 年，全省申请发明专利 93527 件，较 2012 年增长 3.82 倍，居全国第五位、中部地区第一位；获授权发明专利 12440 件，较 2012 年增长 3.06 倍，居全国第七位、中部地区第一位；每万人口发明专利拥有量达到 7.7 件，较 2012 年增长 4.97 倍，居全国第 9 位。我省主持或参与完成的“墨子号”“悟空”和“天宫”作为重大科技成果写入党的十九大报告。世界首台光量子计算机诞生、量子通信“京沪干线”全面开通、全超导托卡马克装置世界首次实现百秒量级稳态高约束模运行 3 项成果入选 2017 年国内十大科技进展新闻，“墨子号”实现星地量子通信入选 2017 年国际十大科技新闻，合肥稳态强磁场装置实现 40 万高斯稳态强磁场。

总的来说，2017 年，全省经济增长稳中向好、稳中见快。为了比较安徽与全国其他各省市的经济运行情况，我们利用国家统计局网站的数据，绘制出 2017 年全国 31 个省市的地区生产总值对比图，如图 3 -1 所示。观察此图，我们发现 2017 年安徽省创造的生产总值在全国各个省市中排在 13 名，属于中等水平，仍有较大的发展和上升空间。安徽省在近年来的经济发展状况中一直保持中游水平，但是在经济建设中还有许多需要改进的地方。我们必须清醒看到，当前我省发展不平衡不充分的问题比较突出，经济处于结构调整过关期，发展质量和效益有待进一步提高，新旧动能转换步伐有待进一步加快，实体经济

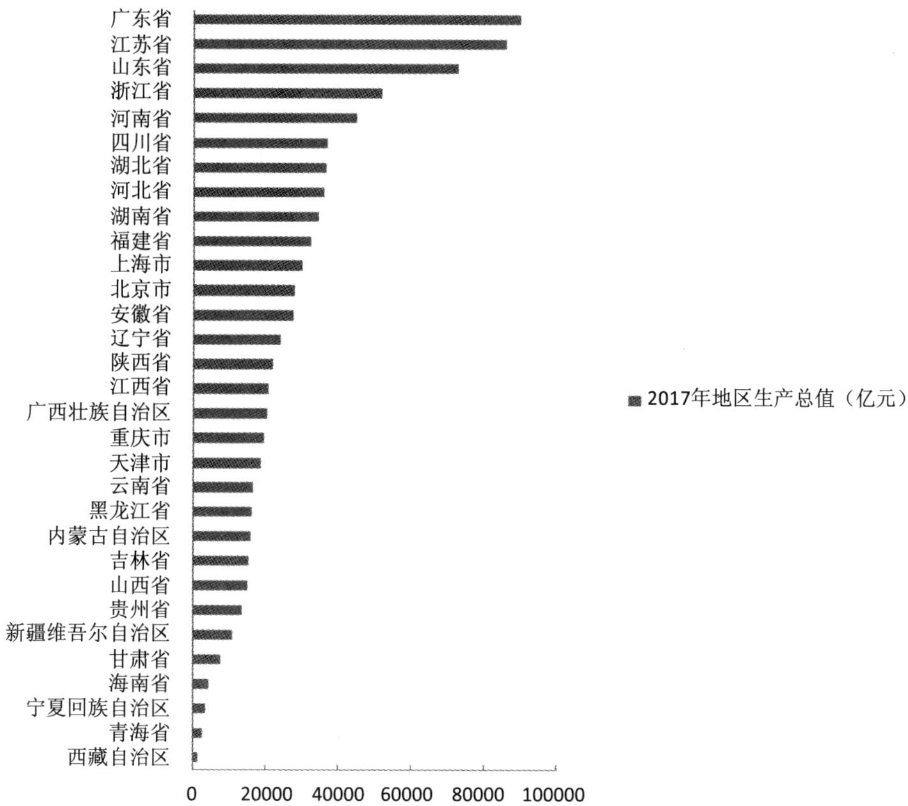

图 3 - 1　2017 年全国 31 个地区生产总值对比图

困难有待进一步化解，城乡区域协调发展有待进一步加强，去产能和治污染有待进一步攻坚等。我们要全面贯彻党的十九大精神，以习近平新时代中国特色社会主义思想为指导，深入贯彻落实习近平总书记

视察安徽重要讲话精神，按照省委、省政府决策部署，坚持以新发展理念引领经济发展新常态，扎实推进稳增长、促改革、调结构、惠民生、防风险各项工作，以改革增动力激活力，以创新促发展助转型，加快新旧动能转换，推进经济转型升级，加强预期引导，增强发展信心，狠抓政策措施落实，力争更好地实现今年经济发展的预期目标。

第二节　2018 年安徽经济增长水平预测

2017 年，我国国内生产总值为 827122 亿元，比上年增加 83537 亿元，折合成美元相当于 2016 年世界排名第 14 位的澳大利亚 GDP 总量规模（根据世界银行发布的数据）。按可比价格计算，比上年增长 6.9%，提高 0.2 个百分点。其中，第一产业增加值 65468 亿元，比上年增长 3.9%，提高 0.6 个百分点；第二产业增加值 334623 亿元，比上年增长 6.1%，回落 0.2 个百分点；第三产业增加值 427032 亿元，比上年增长 8.0%，提高 0.3 个百分点。分季度看，四个季度国内生产总值增速分别为 6.9%、6.9%、6.8%和 6.8%，保持了较为平稳增长的态势。2017 年延续了党的十八大以来我国经济稳中有进的发展态势。五年来，我国经济实力不断增强，2017 年 GDP 总量比 2012 年增加 286755 亿元，增量占 2012 年 GDP 的 53.1%。年均增长 7.1%，其中三次产业年均增速分别为 3.8%、6.8%和 8.0%，第三产业发展速度快于第一产业和第二产业，是拉动经济增长的主要力量。

在这种环境态势下，安徽省深入推进供给侧结构性改革，着力促进实体经济发展，全省经济增长稳中向好、稳中见快，实现生产总值总量突破 2.7 万亿元。2017 年实现生产总值 27518.7 亿元，按可比价格计算，比上年增长 8.5%，增幅高于全国 1.6 个百分点。分产业看，第一产业增加值 2611.7 亿元，增长 4%，比全国高 0.1 个百分点；第二产业增加值 13486.6 亿元，增长 8.6%，比全国高 2.5 个百分点；第三产业增加值 11420.4 亿元，增长 9.7%，比全国高 1.7 个百分点。分季度看，四个季度 GDP 增幅分别为 8.4%、8.5%、8.3%和 8.5%，经济增长波动在 0.2 个百分点以内，总体保持了季度间稳中见快的趋势。工业支撑作用突出，贡献率提升。全年工业增加值增长 8.9%，增幅比全国高 2.5 个百分点，比上年提高 0.3 个百分点。其中，规模以上工业增加值增长 9%，比全国高 2.4 个百分点，比上年提高 0.2 个百分点，居全国第六、中部第二位。工业占 GDP 比重为 41.8%，比上年提高 0.5 个百分点，对全省经济增长贡献率为 44.2%，提高 2 个百分点，拉动 GDP 增长 3.8 个百分点，成为拉动全省经济增长的主要动力。根据国家统计局的数据，我们把安徽省和全国其他省市 2017 年的 GDP 增长率进行对比，如图 3－2 所示。

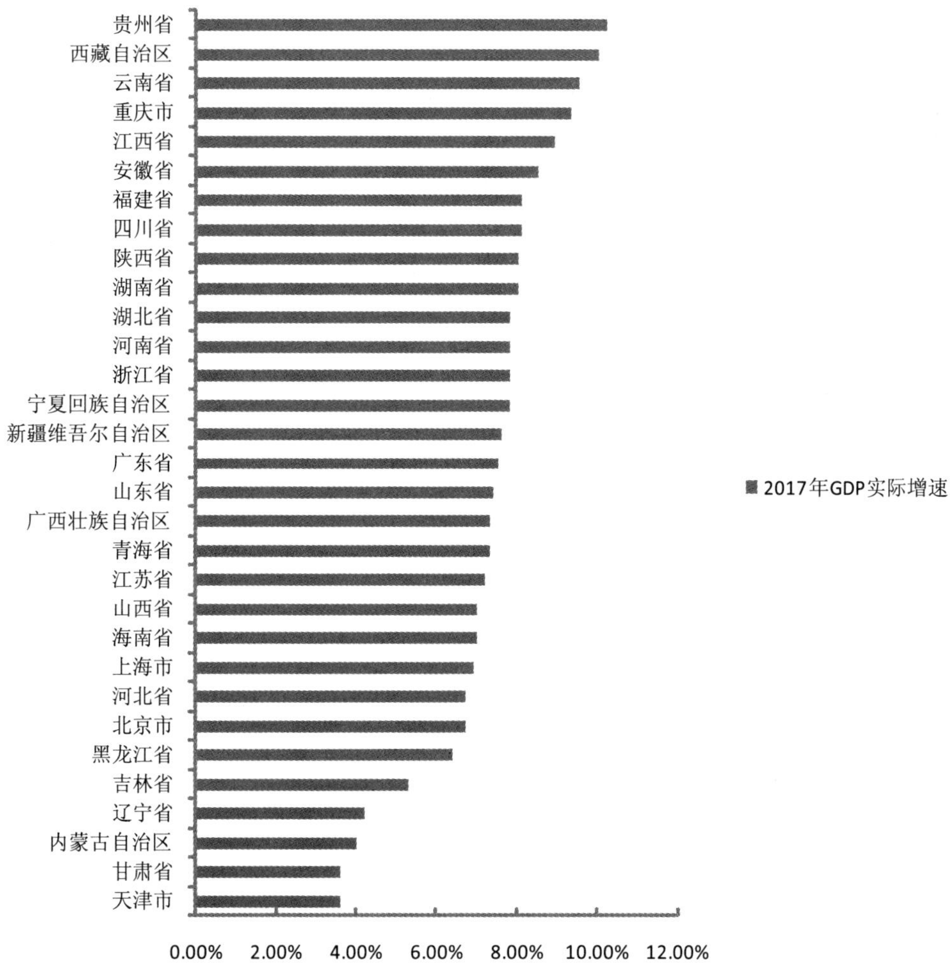

图 3－2　2017 年全国 31 个地区 GDP 实际增速

根据国家统计局和《安徽统计年鉴》的历年数据，我们绘制了安徽省地区生产总值的季度累计同比增长率和年度环比增长率的走势图，如图 3-3 和图 3-4 所示。

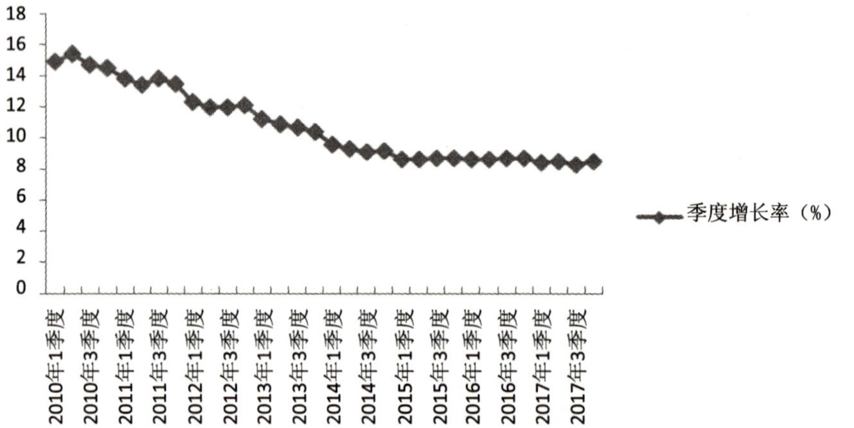

图 3-3　2008—2017 年安徽省季度 GDP 累计同比增长率

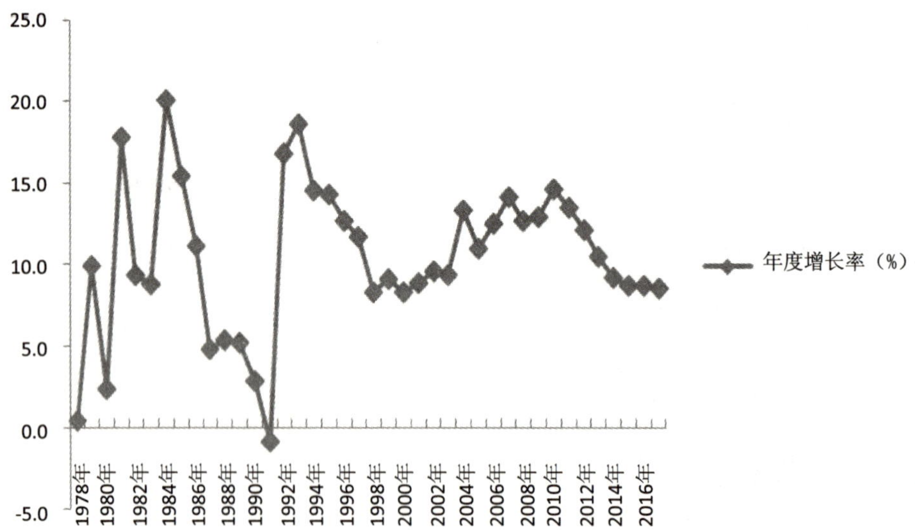

图 3-4　1978—2017 年安徽省 GDP 年度环比增长率

由上图可以看出，安徽省的季度 GDP 每年都在保持稳步增长，增长率在 2010 年第二季度达到顶峰，往后增速逐年减缓，但是仍保持在

8%到 14%之间，2017 年的季度累计同比增长率在 8%左右。安徽省 GDP 的年度环比增长率自 2000 年以来虽然有升有降，但变化不大；近几年来增长率逐年减小，从 2010 年的 14.5%下降到 2017 年的 8.5%。

下面采用多种模型来预测 2018 年安徽省经济增长率，最后根据各种预测的相对误差确定权重，得到组合预测结果。

一、基于 ARMA 模型的经济增长水平预测

如果一个时间序列不仅与自身的过去值有关，而且与之前的系统外部干扰存在一定依存关系，则用 ARMA（p，q）模型来刻画这种动态特征。ARMA 模型是研究平稳时间序列的重要方法，基于 ARMA 模型的预测就是根据已知的当前和历史样本得到最小方差预测值。这种预测方法要求时间序列必须是平稳的，因此在建立模型之前首先要对数据进行平稳性检验，对于不平稳序列可以采用差分的方法使之变平稳。为了预测精度，使用该模型进行预测时只能做短期预测。

首先观察安徽省 1978—2017 年的 GDP 年度环比增长率（图 3－4），可以看出此序列接近平稳时间序列。于是我们对原始序列$\{X_t\}$进行 ADF 单位根检验，原始序列的 ADF 检验结果见表 3－1 所列。

表 3－1　原始序列的 ADF 检验结果

检验类型	显著性水平	ADF 检验值	临界值	结论
回归方程包含常数项	1%	－4.7286	－3.6105	平稳
	5%	－4.7286	－2.9411	平稳
	10%	－4.7286	－2.6091	平稳

上述结果说明该序列是平稳的时间序列。通过观察序列的自相关系数和偏自相关系数，我们初步确定参数为：$p=0\sim6$，$q=1\sim6$，再根据各模型的拟合结果进行比较分析，最后确定模型为 MA（6）。使用最小二乘法估计模型的参数，模型形式如下：

$$\begin{cases}(1-B)\ 2X_t=\varepsilon_t-0.9254\varepsilon_{t-6}\\ \varepsilon_t\sim WN\ (0,\ \sigma_\varepsilon^2)\end{cases}$$

其中，B 为延迟算子，$\{\varepsilon_t\}$ 是白噪声过程。然后我们对参数的显著性和模型的优劣程度进行检验，模型的拟合效果和参数的检验结果见表 3-2 所列。

表 3-2 模型的拟合效果和参数的检验结果

模型	模型参数	t 统计量	P 值	可决系数	AIC 值	DW 值
MA（6）	−0.925445	−31.3715	0.0000	0.51	5.29	1.65

根据上表的结果，我们可以看到 t 统计量的 P 值显著小于 0.05，即参数显著不为零，参数估计是有效的。可决系数为 0.51，表明此模型的整体拟合效果较好，基本能够描述实际序列的变动趋势。此模型的 AIC 值是 5.29，明显小于其他模型的，也就是说符合 AIC 值越小越好的准则。另外，模型的 DW 检验值为 1.65，接近于 2，代表残差序列不存在自相关关系，模型拟合良好。据此，我们可以认为此 MA（6）模型通过了检验，且拟合效果良好。图 3-5 为安徽省 GDP 增长率真实值与拟合值。

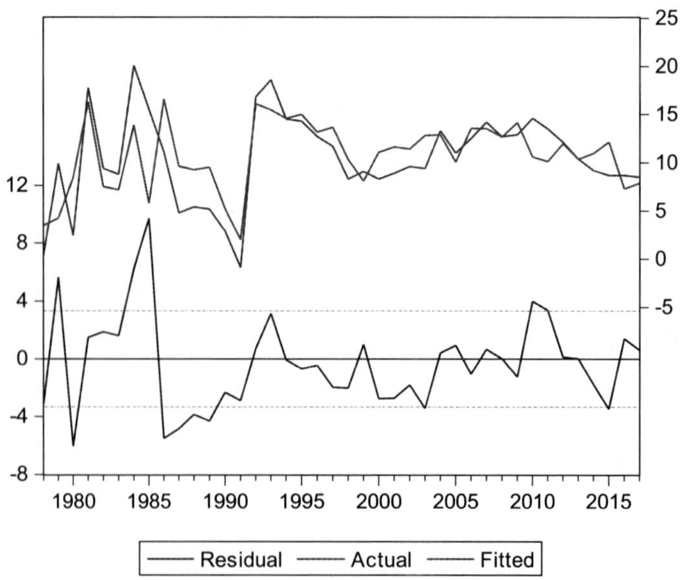

图 3-5 安徽省 GDP 增长率真实值与拟合值

根据上述模型，我们经过计算和还原预测出 2018 年我省 GDP 增长率大约为 10.87%，进一步预测出 2018 年安徽生产总值约为 30509.9 亿元，人均地区生产总值为 49011.19 元/人。

二、指数平滑预测模型

指数平滑法是基于移动平均法演变而来的一种预测方法，主要用于时间序列数据的预测。实际上就是对历史所有数据进行加权平均，是中短期经济发展趋势预测方法中用的最多的一种方法。对安徽省 2018 年经济增长率预测使用的是 Holt-Winters 无季节模型（两参数指数平滑法），Y_t 平滑后的序列 $\hat{Y}_t$ 可由下式给出：

$$\hat{Y}_{t+k}=a_t+b_tk$$

其中，a_t 表示截距，$a_t=\alpha Y_t+(1-\alpha)(a_{t-1}+b_{t-1})$；

b_t 表示斜率，$b_t=\beta(a_t-a_{t-1})+(1-\beta)b_{t-1}$；

α，β 在 0～1 之间，为阻尼因子。预测值计算如下：

$$\hat{Y}_{T+k}=a_T+b_Tk$$

其中，截距为 a_T，斜率为 b_T，T 是待估计样本的期末值。

通过 Eviews 软件建立的两参数指数平滑模型，计算出的阻尼因子为 $\alpha=0.61$，$\beta=0$，预测出：2018 年我省 GDP 增长率约为 9.3%。

三、基于 GM（1，1）模型的灰色预测

灰色预测法是一种对含有不确定因素的系统进行预测的方法。灰色预测通过鉴别系统因素之间发展趋势的相异程度，即进行关联性分析，并对原始数据进行生成处理来寻找系统变动的规律，生成有较强规律性的数据序列，然后建立相应的微分方程模型，从而预测事物未来的发展趋势。目前使用较为广泛的是关于数列预测的一个变量、一阶微分的 GM（1，1）模型。GM（1，1）模型所需要的数据量比较少，且预测结果较为准确。

我们利用安徽省近 10 年的 GDP 增长率数据，来对 2018 年安徽省 GDP 增长率进行灰色预测。我们首先对数据进行了级比检验，发现所有的级比都落在可容覆盖内，则原始序列 $X^{(0)}$ 可以作为模型 GM(1，1)的数据进行灰色预测。预测模型如下：

$$\hat{X}^{(1)}(k+1)=\left[X^{(0)}(1)-\frac{\mu}{a}\right]e^{-ak}+\frac{\mu}{a}$$

经过计算，发展灰数 $a=0.0725$，内生控制灰数 $\mu=15.8355$，故此预测模型具体为：

$$\hat{X}^{(1)}(k+1)=-205.72e^{-0.0725k}+218.42$$

将数据带入上述模型进行运算，经过累减还原可预测出 2018 年我省 GDP 增长率约为 8.1%。

四、组合预测

单独的一项预测只能重点从某一个方面反映数据的信息，可能存在信息利用不全面的情况。而组合预测把若干种预测方法赋予不同的权重，从而形成综合的预测模型，可以有效地避免信息利用不全面这种情况的发生，所以本书将利用上述 ARMA 预测模型、指数平滑预测模型、灰色预测模型进行组合预测。很多的理论研究和实际应用表明：组合预测模型比单个预测模型具有更高的预测精度，能增强预测的稳定性，具有较高的适应未来预测环境变化的能力。

对上述模型进行赋权，计算出组合预测的结果，即 2018 年我省 GDP 增长率大约为 9.0%，进一步得到 2018 年安徽生产总值，大约为 29995.38 亿元，人均生产总值约为 48184.54 元（表 3-3）。

表 3-3　经济增长率预测结果

预测方法	ARMA 模型预测	指数平滑模型预测	灰色预测	组合预测
经济增长率	10.87%	9.3%	8.1%	9.0%

第三节　安徽进出口指标值预测

2017年，安徽坚持以新发展理念引领对外开放，围绕外贸产品创新、市场创新等持续发力，不断提升外贸发展质量和效益，全省对外贸易稳中有进，交出了靓丽的成绩单。2017年，安徽省进出口总值3631.6亿元，较上年增长23.7%，创历史新高，增幅列全国第6位，向好态势明显。其中，出口2065.2亿元，增长9.8%；进口1566.4亿元，增长48.3%。以美元计价，进出口536.4亿美元，增长20.8%。其中，出口304.8亿美元，增长7.2%；进口231.6亿美元，增长45%。

首先看外贸整体情况。安徽省进出口在2014年达3000亿元后，连续两年呈下行趋势。2017年首破3500亿元大关，三个“向好”态势明显。

一是发展“向好”。增速全国第6，中部第2，中西部第6。分别比全国、中部、中西部平均值快9.5个、5.7个、3.6个百分点；外贸值占全国1.3%，占中部地区19.5%，占中西部地区9%，分别比上年提高0.1个、0.9个和0.2个百分点。二是赶超“向好”。外贸排名回归全国第14位，比上年提高1位，超河北；在中部地区继续排名第2，体量接近河南7成，比上年提高1成，差距缩小；在中西部地区排名第5，与重庆、广西差距缩小。三是主体“向好”。外贸实绩企业7071家，比上年增加超3成；进出口超10亿元企业51家，增加15家；超百亿元企业5家，增加2家；其中，联宝公司（含海晨、新宁）成为全省首家超300亿元企业，新项目京东方10.5代线当年进出口超100亿元。

再看外贸主要亮点。一是园区带动作用明显。18个国家级园区（含4个海关特殊监管区）进出口1266.7亿元，增长35.3%，快于全省11.6个百分点，占比34.9%，提高3.3个百分点；海关特殊监管区进出口 413.1 亿元，增长 32.3%，快于全省 8.6 个百分点，占比 11.4%，提高 0.8 个百分点。其中，合肥综合保税区进出口 42 亿元，增长 14.3 倍。二是皖江示范区引领增长。合肥市进出口 1689.1 亿元，增长 36.9%，快于全省 13.2 个百分点，占全省 46.5%，提高 4.5 个百分点；在合肥市的带动下，皖江示范区进出口 3241 亿元，增长 25.8%，快于全省 2.1 个百分点，占全省 89.2%，比上年提高 1.4 个百分点。三是国企、外企增势较好。国有、外资企业分别实现进出口 1062.6 亿元和 1149.2 亿元，分别增长 36.9% 和 32%，分别占比 29.3%和 31.6%，比重分别提高 2.9 个和 2 个百分点。四是加工贸易比重提升。加工贸易进出口 808.5 亿元，增长 27%，占全省 22.3%，提高 0.6 个百分点；一般贸易进出口 2575.1 亿元，增长 22.5%，占比 70.9%；海关特殊监管方式进出口 212.9 亿元，增长 24.1%，占比 5.9%。五是空运、铁运发展较快。航空运输进出口 584.2 亿元，增长 65.5%，占比 16.1%，提高 4.1 个百分点；铁路运输进出口 16.8 亿元，增长 30.4%，占比 0.5%，提高 0.1 个百分点；水路运输进出口 2912.9 亿元，增长 19.6%，占比 80.2%。六是主要市场保持增长。对“一带一路”国家（地区）进出口 939.2 亿元，增长 18.5%；其中，出口 706.9 亿元，增长 13.5%，比全省出口增速快 3.7 个百分点。同期，对前四大贸易伙伴美国、欧盟、东盟、日本分别进出口 531.6 亿元、507.3 亿元、403 亿元和 301.5 亿元，分别增长 15%、12.6%、20.5%和 91.3%。

总体来看，2017 年我省大力开拓国际市场，促进内外贸一体化发展，不断增强企业国际竞争新优势，进出口商品结构持续优化。全省上下在顶层设计、战略定位、产业支撑、对外贸易、基础保障五个方面给予全力“聚焦”，令安徽特色内陆开放新高地的打造得以提速推进。

利用安徽省 2017 年 1—11 月各市区进出口总额数据，我们绘制出各市区对比图。根据图 3-6 可以看出，合肥市进出口总额遥遥领先其他地区，淮南市较去年同期增长率最高，绝大多数地区较去年同期进出口总额上升，整体看来 2017 年外贸情况较为繁荣。

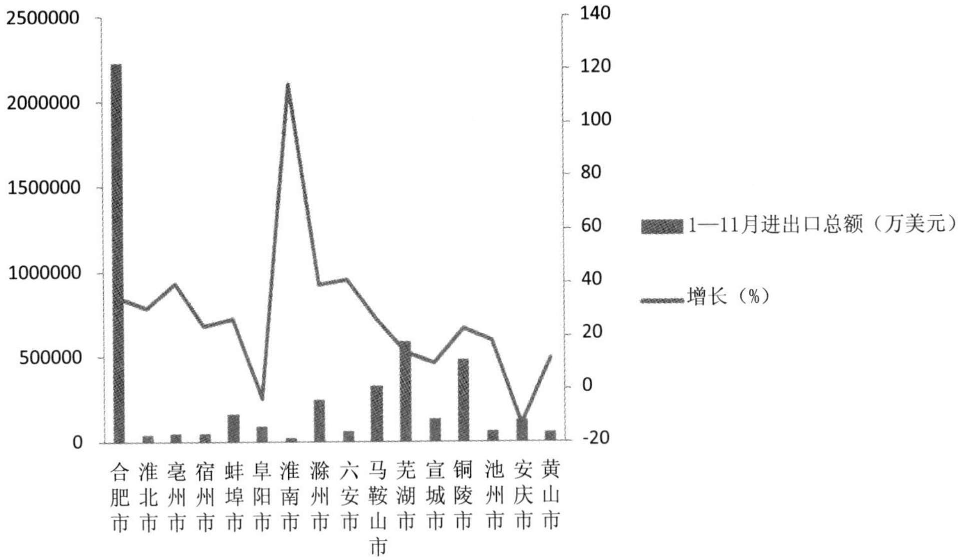

图3-6　2017年1—11月安徽省各市区进出口总额对比

利用全国和安徽省历年进出口总额数据，我们绘制出二者的对比图。根据图3-7可以看出，安徽省和全国的进出口总额变化趋势几乎等同，基本处于上升的态势，且增幅不断增大，但是2014年以后进出口总额开始呈下降趋势，直至2017年，进出口总额才出现提升的态势。

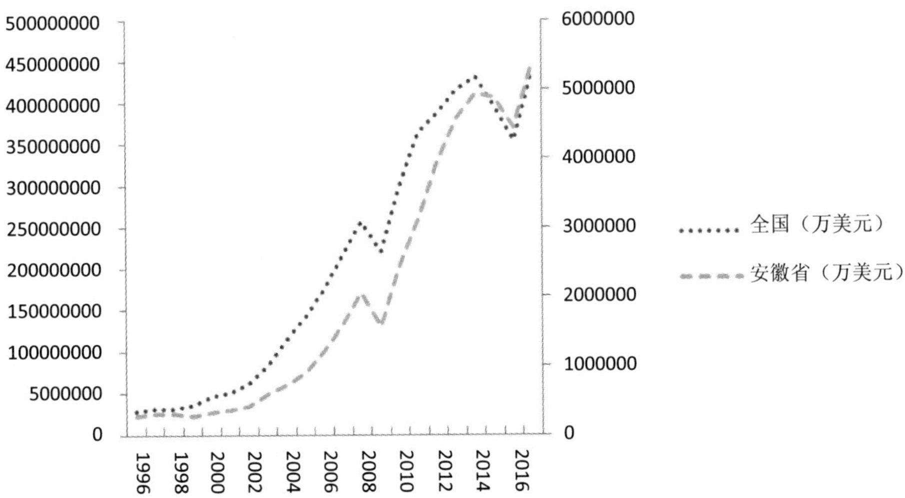

图3-7　近20年全国和安徽省进出口总额对比

下面我们将分别从进口、出口和进出口总额三个方面来对安徽省的进出口情况进行预测分析。

一、进口

首先，我们根据 1990—2017 年安徽省进口总额年度数据绘制出折线图，如图 3-8 所示。由于进口数据是明显的时间序列数据，故我们拟采用经典的 ARMA 模型对原始数据进行拟合并对 2018 年的安徽省进口总额进行预测。根据折线图，我们发现此序列是逐年递增的，因此可以判断这是非平稳序列，故必须采用对数差分的方法将序列变为平稳序列，才能使用 ARMA 模型进行拟合。

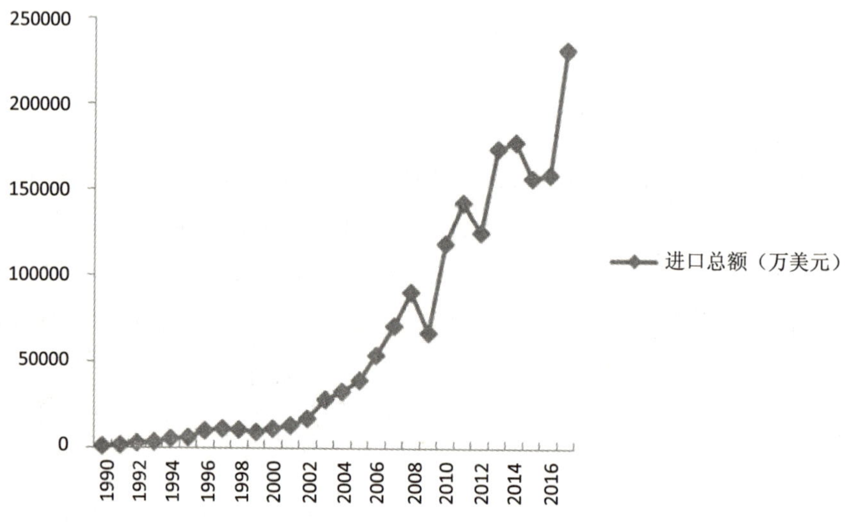

图 3-8　1990—2017 年安徽省进口总额年度数据

将原始序列取对数并进行二阶差分后，对对数差分后序列 $\{X_t\}$ 进行 ADF 单位根检验，结果见表 3-4 所列。

表 3-4　对数二阶差分后序列的 ADF 检验结果

检验类型	显著性水平	ADF 检验值	临界值	结论
回归方程包含常数项	1%	−6.6184	−3.7379	平稳
	5%	−6.6184	−2.9919	平稳
	10%	−6.6184	−2.6355	平稳

再观察序列的自相关系数和偏自相关系数图，我们发现自相关系数显然是一阶截尾的，而偏自相关系数大致是四阶截尾的，所以初步确定参数为：$p=0\sim4$，$q=1$。再比较各模型的 AIC 值和 SC 值，最后确定模型为 MA（1）。使用最小二乘法估计模型的参数，得到了具体的拟合模型，模型如下：

$$\begin{cases}(1-B)\ 2X_t=\varepsilon_t-0.9298\varepsilon_{t-1}\\ \varepsilon_t\sim WN\ (0,\ \sigma_\varepsilon^2)\end{cases}$$

然后我们对参数的显著性和模型的优劣程度进行检验，模型的拟合效果和参数的检验结果见表3-5所列。

表3-5　模型的拟合效果和参数的检验结果

模型	模型参数	t 统计量	P 值	可决系数	AIC 值	DW 值
MA（1）	−0.929816	−11.65108	0.0000	0.5342	0.07	2.30

根据上表的结果，我们可以看到两个 t 统计量的 P 值均显著地小于0.05，即参数显著不为零，参数估计是有效的。可决系数为0.5342，说明此模型的整体拟合效果较好。此模型的 DW 检验值为2.30，接近2，代表残差序列不存在自相关关系，模型拟合良好。据此，我们可以认为此MA（1）模型通过了检验，且拟合效果良好。图3-9是安徽省进口总额二次差分后的真实值与拟合值。

根据上述模型，我们经过计算和还原预测出2018年我省进口总额大约为2535017万美元，与2017年相比增长9.4%。

为了使预测模型更加准确，我们再采用灰色预测对进口总额进行补充预测，然后对两者取平均值作为最终的预测结果。我们首先对近10年数据进行级比检验，发现所有的级比都落在可容覆盖内，则原始序列 $X^{(0)}$ 可以作为模型GM（1，1）的数据进行灰色预测。经过计算，发展灰数 $a=-0.7825$，内生控制灰数 $\mu=885320$，故此预测模型为：

$$\hat{X}^{(1)}\ (k+1)\ =2039657e^{-0.7825k}-1131399$$

将数据带入上述灰色预测模型进行运算，经过累减还原可预测出

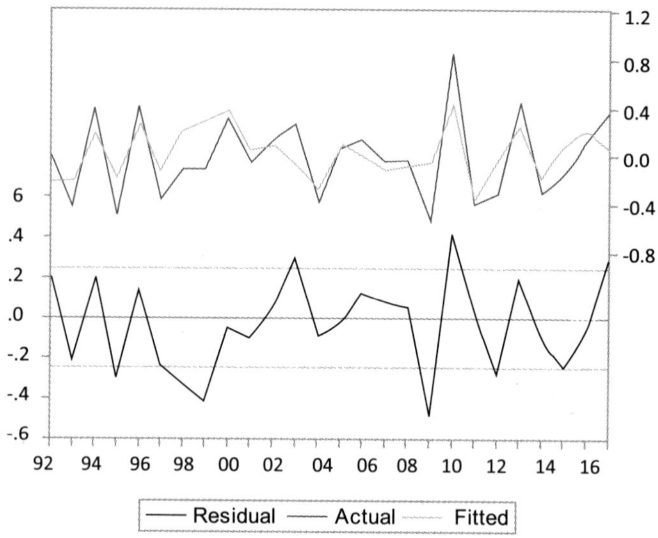

图 3-9　安徽省进口总额二次差分后的真实值与拟合值

2018 年安徽省进口总额大约为 2320805 万美元。综合上述两个模型，对二者赋予权重，我们得到最终的预测结果，即 2018 年我省进口总额为 2428911 万美元，与上年相比增长 4.87%。

二、出口

2017 年，世界经济温和复苏，国内经济稳中向好，推动全年我国外贸出口持续增长，其中机电产品、传统劳动密集型产品仍为出口主力。2017 年，我国机电产品出口 8.95 万亿元，增长 12.1%，占我国出口总值的 58.4%；其中，汽车出口增长 27.2%，计算机出口增长 16.6%，手机出口增长 11.3%。同期，传统劳动密集型产品合计出口 3.08 万亿元，增长 6.9%，占出口总值的 20.1%。

但是在增长的背后，2018 年外贸形势依然复杂严峻，外需低迷，贸易保护主义加剧，不确定不稳定因素增多，外贸下行压力加大。2017 年 12 月，中国外贸出口先导指数为 41.1，较上月回落 0.7，表明 2018 年一季度我国出口仍面临一定压力。其中，根据网络问卷调查数据显示，当月，我国出口经理人指数为 44.2，较上月回落 0.6；新增出口订单指数、出口经理人信心指数分别回落0.4、1.2至48.3、50，出口企业综合成本指数回升0.4至20.5。

在整体外贸环境转好的背景下，2017年安徽省委省政府提出打造内陆开放新高地的决策部署，着力强化大开放意识、树牢大开放战略、营造大开放环境，抓实外贸调度和服务，整体出口商品结构持续优化：一是机电、高新产品比重提升。机电产品出口1145.1亿元，增长13.1％，占全省出口55.4％，提高1.5个百分点；高新技术产品出口512.7亿元，增长29.9％，占比24.8％，提高3.8个百分点。其中，笔记本电脑、家电、汽车、液晶显示板四大“拳头产品”分别出口196.7亿元、135.8亿元、94.1亿元和63.6亿元，分别增长69％、15.1％、17.6％和31％。二是传统劳动密集型产品比重下降。出口375.9亿元，下降1.6％，占比18.2％，下降2.1个百分点。

为了便于分析近年来我省的出口情况，我们根据1990—2017年安徽省出口总额年度数据绘制出折线图，如图3－10所示。

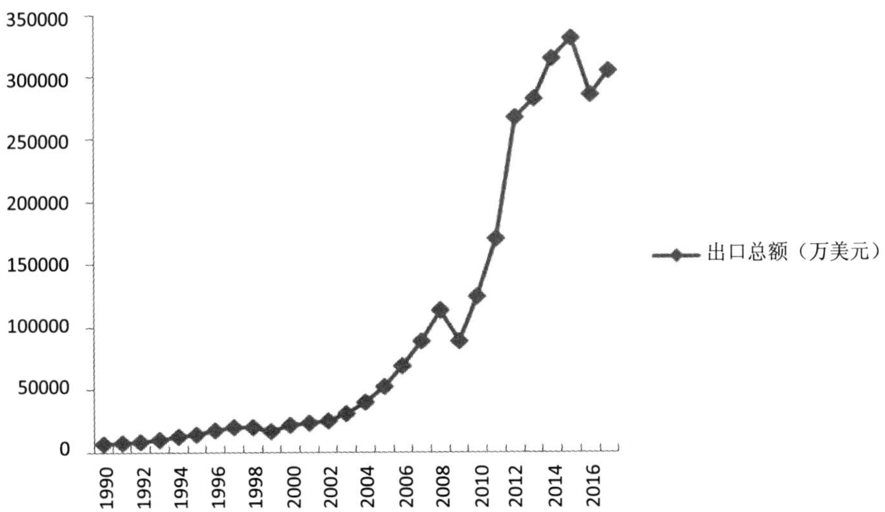

图3－10 1990—2017年安徽省出口总额年度数据

观察此图，可以看出此时间序列与上文的进口总额时间序列走势十分相似，因此我们拟采用与进口数据预测同样的方法和模型，预测出2018年安徽省出口总额为3153994万美元，与上年相比增长 3.47%。

三、进出口总额

在上文中，我们预测出了 2018 年安徽省进口总额和出口总额，将两者加总起来，就可以得到 2018 年的安徽省进出口总额，大约为 5582905 万美元，与 2017 年相比增长 4.08%。

在实现外贸结构优化、回稳向好的同时，也面临以下值得关注的形势和问题：一是整体发展尚不充分，二是区域发展不够均衡，三是增长动力有待巩固，四是绿色发展值得关注。针对上述形势和问题，建议紧密结合安徽实际，围绕转变方式、优化结构、转换动力，大力引进培育新兴产业、新型业态，建设优质平台，发展优势产业，促进外贸增量提质，优进优出，形成安徽“全面开放新格局”。以融入“一带一路”建设为重点，加强创新能力开放合作，培育贸易新业态新模式，推进贸易强省建设。贯彻发展新理念，大力推进供给侧结构改革，构建高层次开放经济体系。在优化区域开放布局上，实施外贸区域协调发展战略，建立更加有效的协调发展新机制，以创新引领皖江示范区率先转型发展，因地制宜加大对皖北、皖西、皖南的开放支持力度；在扶持民营企业上，全面实施市场准入负面清单制度，从投资引导、财税政策、权益保护等方面制定实施细则，逐步拆除准入门槛、降低融资成本、拓宽投资渠道，催生外贸新动力；在建设外贸综合服务体系上，以完善产权制度和要素市场化配置为重点，实现产权有效激励、要素自由流动、价格反应灵活、竞争公平有序，加快形成政府、企业、社会“三位一体”的多元治理格局。

第四节　安徽社会消费品零售总额的分析预测

2017 年，安徽省以实施五大发展行动计划为总抓手，深入推进供给侧结构性改革，积极促进消费升级，着力提升消费能力，不断释放消费动能，全省消费品市场保持平稳较快增长。2017 年，全省实现社会消费品零售总额11192.6亿元，同比增长11.9%，增速比2017年前三季度加快0.2个百分点，比上年同期回落0.4个百分点，增速高于全国1.7个百分点，居全国第6位、中部第2位，较前三季度位次分别前移3位和2位。图3-11为2017年安徽省各区域社会消费品零售总额及增长率，全省16个市消费品市场均保持平稳较快增长，其中有7个市增幅高于全省，蚌埠市社会消费品零售总额增幅最高，同比增长12.6%，与增幅最低的差距比前三季度和上年同期分别缩小0.2和0.4个百分点。从限额以上商贸流通来看，2017年，限额以上消费品零售额同比增长12%，增速比前三季度和上年同期分别提高0.8和0.4个百分点，比全国高3.9个百分点；限额以上批发零售企业中开展网上零售业务的企业共569家，共实现网上商品零售额314亿元，同比增长39.4%，比前三季度提高5个百分点，占限额以上消费品零售额的比重为5.6%，比前三季度和上年同期分别增加0.5和1.2个百分点，拉动限额以上消费品零售总额增长1.6个百分点。

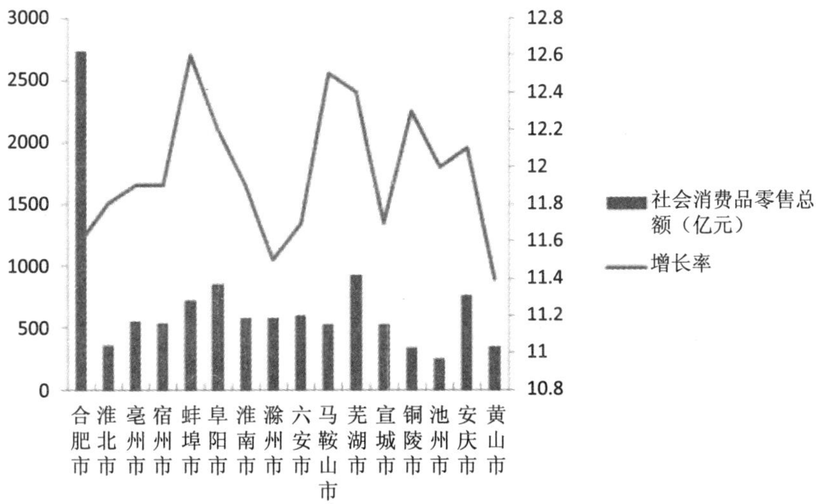

图3-11 2017年安徽省各区域社会消费品零售总额及增长率

从城乡看，全年城镇消费品零售额9009.4亿元，同比增长11.7%，增速比上年同期回落0.5个百分点；全年乡村消费品零售额2183.2亿元，同比增长13%，创近三年来增速新高，增速比前三季度和上年同期分别加快0.5和0.4个百分点，领先城镇1.3个百分点，领先优势较前三季度和上年同期分别扩大0.3和0.9个百分点。

消费升级步伐加快。一是享受型消费增速加快。2017年，全省限额以上单位化妆品类和金银珠宝类商品零售额同比分别增长14%和11.8%，比上年同期分别加快8.4和13.4个百分点，分别高于前三季度0.3和0.6个百分点，上拉全省限额以上消费品零售额增幅0.3个百分点；二是文化消费快速增长。电子出版物及音像制品类、书报杂志类、家用电器和音像制品类商品同比分别增长19.1%、13.9%和13.6%，增速分别领先全省限额以上消费品零售额7.1个、1.9个和1.6个百分点；三是居住类消费高位增长。2017年，全省限额以上单位居住类商品零售额增长17%，增速比前三季度和上年同期分别加快0.6和1.1个百分点。其中，家具类商品零售额同比增长23.1%，比前三季度和上年同期分别加快2.2和2.8个百分点，领先全省限额以上消费品零售额11.1个百分点；四是汽车类消费继续增长。尽管受小排量汽车购置税优惠减少、新能源汽车补贴取消等因素影响，限额以上汽车类零售额增速较上年大幅回落7.4个百分点，但仍实现零售额1385.7亿元，占限额以上消费品零售额24.8%，仍保持了7.8%的增速。

近年来，伴随着城乡居民收入的稳步提升，安徽省居民消费保持快速平稳的增长态势。安徽省政府着力打造皖江城市带承接产业转移示范区、合肥经济圈，出台了加快皖北地区发展的诸多支持政策，全面推动区域协调发展。安徽省消费品市场呈现各区域齐头并进的良好发展态势，各地市社会消费品零售总额绝对数和增长率都出现了稳定的增长趋势。根据近年安徽各区域的社会消费品零售总额数据，我们绘制出图3-12。

根据图3-12，我们可以看出，皖江城市带的八市一直在我省社会消费品零售总额中占据着大半份额，并且所占比重逐年增长，这一状态在2016年达到顶峰，2016年皖江城市带的社会消费品零售总额占到全省的59.45%。再看皖北六市，2011年皖北六市经济社会发展逆势上扬，社会消费品零售总额在全省所占比重由2010年的31.94%上

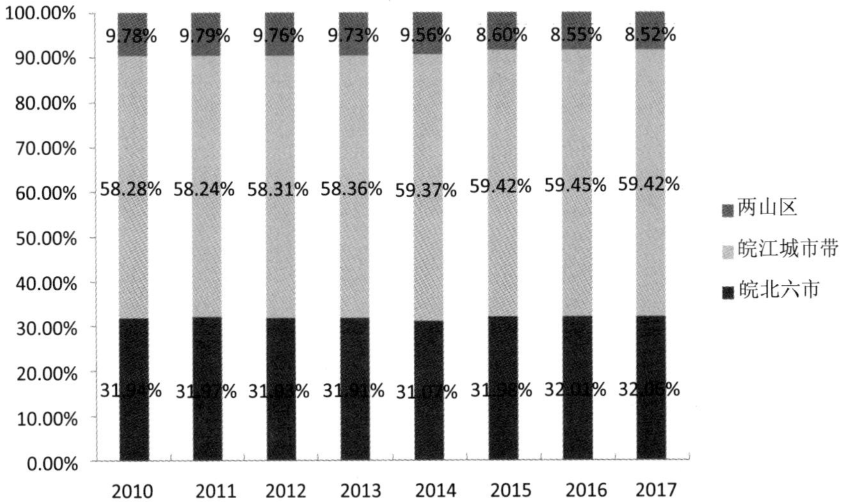

图 3 - 12　2010—2017 年安徽省各区域社会消费品零售总额占全省比重

升到 2011 年的 31.97%；但在 2012 年以后出现逐年较大幅度地下降，这是皖北地区产业结构转型导致的；自 2015 年皖北各市的经济发展呈现出提档加速的良好势头，社会消费品零售总额所占比重从 2014 年的 31.07%逐年上涨到 2017 年的 32.06%。对于两山区，即六安和黄山二市，从 2011 年以来到目前为止，社会消费品零售总额在全省所占比重较低且逐年下降，至 2017 年已下降到 8.52%。对此，应加以重视，两山区应当充分利用地理优势融入合肥经济圈和皖江城市带承接产业转移示范区建设的战略机遇，使其社会消费品零售总额增速与全省平均水平渐渐缩小。

下面我们将利用安徽省 1990 年至 2017 年的社会消费品零售总额数据，运用 BP 神经网络模型和多项式曲线拟合模型来预测 2018 年安徽省社会消费品零售总额。

一、指数平滑模型预测

我们对原始数据（即 1990—2017 年安徽省社会消费品零售总额）进行无季节指数平滑，计算出阻尼因子为 $\alpha=0.76$，$\beta=0.99$。预测结果见表 3 - 6 所列和如图 3 - 13 所示。预测出 2018 年的安徽省社会消费品零售总额约为 12684.31 亿元，比 2017 年增长 13.33%。

表 3－6 安徽省社会消费品零售总额实际值与预测值 单位：（亿元）

年份	1991	1992	1993	1994	1995	1996	1997	1998	1999
实际值	247.5	285	335.7	453.2	586.5	727.1	859.8	924.8	979.1
预测值	317.7	302.7	314.3	371.1	536.1	714.8	873.8	1002.3	1024.2
年份	2000	2001	2002	2003	2004	2005	2006	2007	2008
实际值	1054.3	1142.8	1212.4	1331.2	1503.1	1776.7	2056.5	2451.9	3045.2
预测值	1036.8	1110.1	1219.6	1293.3	1429.8	1648.4	2005.3	2342.1	2806.1
年份	2009	2010	2011	2012	2013	2014	2015	2016	2017
实际值	3527.8	4151.5	4955.1	5736.6	6542.4	7320.8	8222.9	10000.2	11192.6
预测值	3548.2	4077.8	4734.3	5668.8	6538.0	7362.3	8120.5	9065.1	11346.1

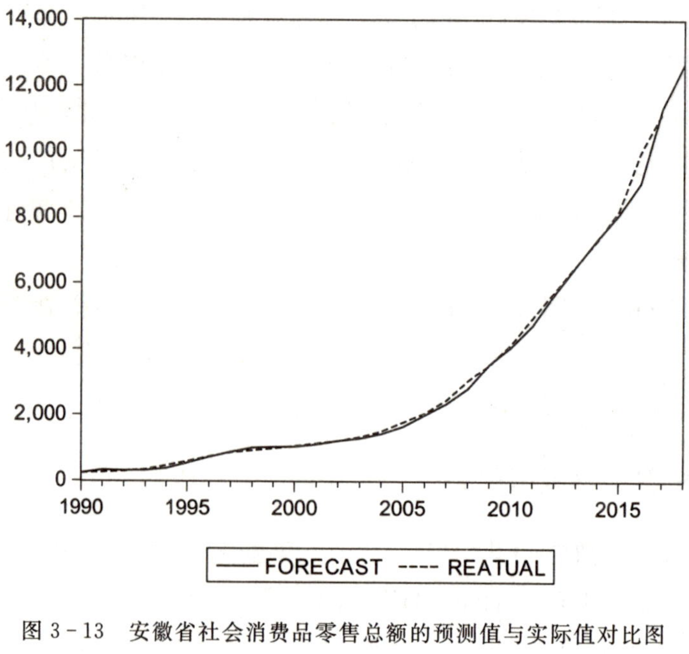

图 3－13 安徽省社会消费品零售总额的预测值与实际值对比图

二、趋势外推法预测

当预测对象依时间变化呈现某种上升或下降的趋势，并且无明显的季节波动，又能找到一条合适的函数曲线反映这种变化趋势时，就可用时间 t 为自变量，时序数值 y 为因变量，建立趋势模型，当这种趋势延伸到未来时，赋予变量 t 所需要的值，就可以得到相应时刻的时间序列预测值。这就是趋势外推法。趋势外推法的实质就是利用某种函数分析描述预测对象某一参数的发展趋势，它的主要优点是可以揭示事物未来的发展，并定量地估计其功能特性。最为常用的有四种趋势预测模型，如下：

1. 多项式曲线趋势外推法：$y_t = b_0 + b_1 t + b_2 t^2 + \cdots + b_k t^k$；

2. 指数曲线趋势外推法：$y_t = a\mathrm{e}^{bt}$ $(a>0)$；

3. 对数曲线预测模型：$y_t = a + b\ln t$；

4. 生长曲线预测模型：$y_t = \dfrac{L}{1+a\mathrm{e}^{-bt}}$ 或 $y_t = ka^{bt}$。

我们运用 Matlab 软件绘制原始数据的趋势图，如图 3 - 14。我们发现曲线的增长趋势接近于指数函数，故我们采用指数曲线来拟合原时间序列，拟合方程如下：

$$y = 227.432\mathrm{e}^{0.1447(t-1990)},\ R^2 = 0.9974$$

可决系数为 0.9974，说明拟合效果非常好，基本能够反映原数据的趋势走向。于是，我们利用以上方程，预测出 2018 年的安徽省社会消费品零售总额为 13074.92 亿元，与上年相比增长 16.81%。图 3 - 15 是 1990—2017 年安徽省社会消费品零售总额拟合图。

综合以上两个模型，我们对其赋权得出最终预测结果：2018 年安徽省社会消费品零售总额为 12879.62 亿元，与 2017 年相比增长 15.07%。

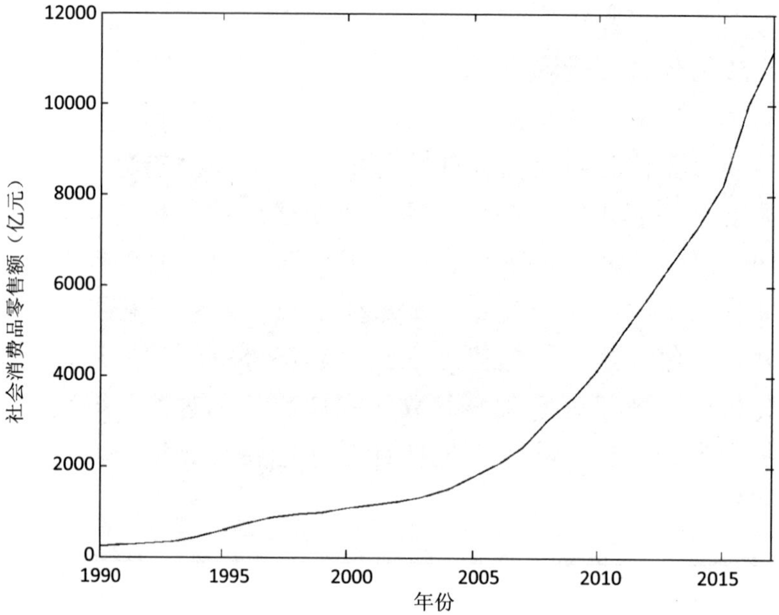

图 3－14　1990—2017 年安徽省社会消费品零售总额

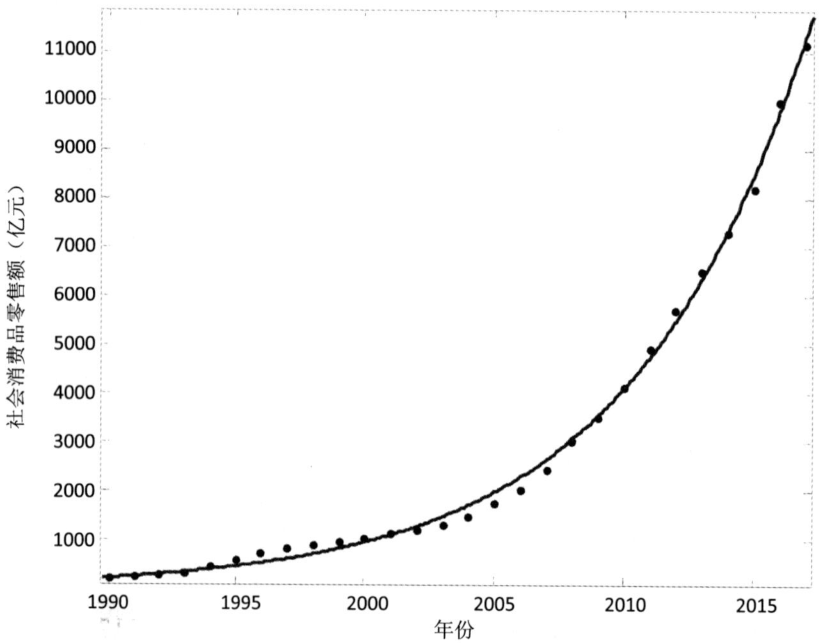

图 3－15　1990—2017 年安徽省社会消费品零售总额拟合图

当前，推动我省消费品工业向中高端迈进，增强消费拉动经济的基础作用，促进全省经济持续健康发展是当务之急。下一步发展中，我们要全面贯彻落实党的十八大和十八届三中、四中、五中全会以及习近平总书记系列重要讲话和视察安徽重要讲话精神，牢固树立和贯彻落实创新、协调、绿色、开放、共享的发展理念，坚持企业主体、市场主导、政府推动，坚持改善供给、供需共进、两侧发力，坚持创新引领、集约高效、协调发展，围绕全省“调转促”决策部署，推进实施增品种、提品质、创品牌“三品”战略，切实改善营商环境，着力提高消费品有效供给能力和水平，更好满足人民群众消费升级的需要，实现消费品工业更加稳定、更有效益、更可持续的发展。

第五节　安徽固定资产投资额预测

2017年安徽省固定资产投资总体保持稳中有进、稳中向好的局面，全年完成固定资产投资29186亿元，增长11%，增速居全国第11位，中部第3位。分产业看，全省第二、第三产业投资13016.4亿元和15393.8亿元，分别增长12%和11%，第一产业投资775.8亿元，下降4.6%。三次产业投资比例由上年的3.1∶44.2∶52.7变化为2.7∶44.6∶52.7，第二产业投资比重明显上升。从投资领域看，工业投资、房地产投资和基础设施投资贡献突出，分别完成投资12943.5亿元、5612.5亿元和6534.9亿元，分别增长12.7%、21.9%和24.2%，比全部投资分别高1.7个、10.9个和13.2个百分点。图3-16是2017年安徽省和全国固定资产投资月同比增长率对比图。从图中可以看出，安徽省和全国的固定资产投资额月累计增长率的变化趋势。全国增长率从2017年3月开始一直下降至12月，整体下降幅度较为平缓；安徽省基本呈现先降后增的趋势，8月份为转折点，且观察两条折线，安徽省的增长率自2017年以来一直高于全国水平。

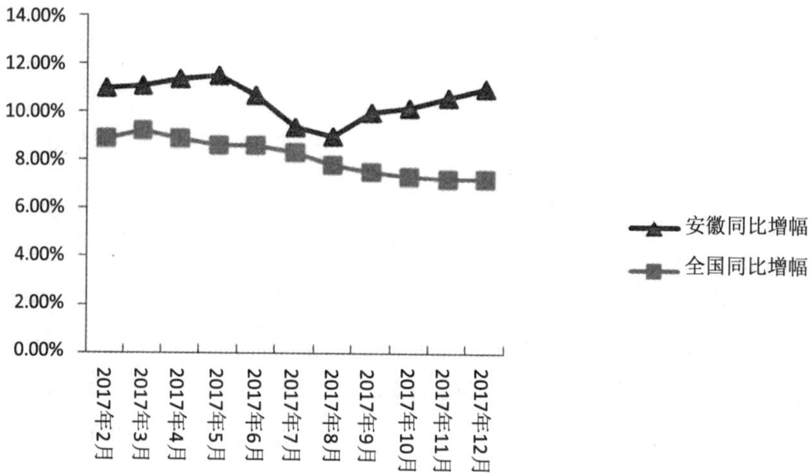

图 3-16 2017 年安徽省和全国固定资产投资完成额累计增长率月度数据

2017 年，安徽省加大强基础、补短板力度，围绕制造强省、创新型省份制定了一系列的政策法规，加大对企业的支撑力度，不断改善投资环境，全省投资特点如下：

（1）基础设施投资高位运行。前三季度，全省基础设施投资 4635.5 亿元，增长 25.1%，增速与 1—8 月持平，比全部投资高 15.1 个百分点，拉动全部投资增长 5.4 个百分点。从项目个数来看，基础设施项目 9118 个，增长 24.2%；已投产项目 4178 个，增长 44.8%。基础设施项目建设的稳步推进，为全省固定资产投资的平稳增长起到稳定作用。基础设施领域中，水利、环境和公共设施管理业投资 2325.2 亿元，增长 30.1%；电力、热力、燃气及水生产和供应业投资 939.1 亿元，增长 30.1%；信息传输、软件和信息技术服务业投资 68.2 亿元，增长 16.5%；交通运输、仓储和邮政业投资 1303 亿元，增长 14.5%，上述行业投资的持续快速增长，使全省短板领域的投资得到加强。

（2）制造业投资结构优化。前三季度，全省制造业投资 8422.7 亿元，增长 10.5%，增速比 1—8 月提高 0.1 个百分点，比全部投资高 0.5 个百分点，对全部投资增长的贡献率为 41.3%，拉动全部投资增长 4.1 个百分点。从制造业投资结构来看，技改投资 5040.4 亿元，增长 15.3%，增速比 1—8 月提高 0.4 个百分点，比全部制造业投资高 4.8 个百分点；占全部制造业投资的 59.8%，比上年同期提高 2.4 个百分点。装备制造业投资 4180.8 亿元，增长 12%，比 1—8 月提高 0.3 个百分点，比全部制造业投资高 1.5 个百分点；占全部制造业投资的 49.6%，比去年同期提高 0.6 个百分点。

（3）民间投资企稳向好。前三季度，全省民间投资 14250.4 亿元，增长 6%，增速比 1—8 月提高 1.4 个百分点，占全部投资的 66.6%。民间投资中，改建和技术改造类项目投资 3530.6 亿元，增长 39.5%；扩建类项目投资 1511.8 亿元，增长 3%；新建类项目投资 5597.5 亿元，下降 13%。

（4）房地产开发投资拉动明显。前三季度，全省房地产开发投资 4085.4 亿元，增长 20.9%，增速比 1—8 月提高 3.1 个百分点，拉动全部投资增长 4.2 个百分点。全省商品房销售面积 6398.6 万平方米，增长 6.5%，增速比 1—8 月低 3.3 个百分点。房地产开发施工面积 36357.5 万平方米，增长 8.6%，增速比 1—8 月提高 1.7 个百分点。

一、安徽各区域固定资产投资概况

最近几年，安徽省各地市积极进行招商引资，大力推行各项经济建设项目的投融资活动，各地市固定资产投资均呈现增长态势。但是受到近两年来国际国内经济下行压力的影响以及房地产行业的萧条所带来的不利因素，投资增长幅度渐渐缩小。2010 年 1 月 12 日，国务院正式批复《皖江城市带承接产业转移示范区规划》，皖江城市带承接产业转移示范区建设纳入国家发展战略，自此，皖江地区八市的经济发展开创了新局面。皖北地区六市也在发挥着各自优势，在经济发展中呈现出逆势上扬的态势。图 3 - 17 是 2010—2017 年安徽省各区域固定资产投资额占全省比重。

根据图 3 - 16，我们先分析皖北六市。总体来看，皖北地区的固定资产投资额占全省的比重不足三成，近几年呈现出先升后降的趋势。2010 年，安徽省委、省政府审时度势，出台了扶持皖北发展的新 10

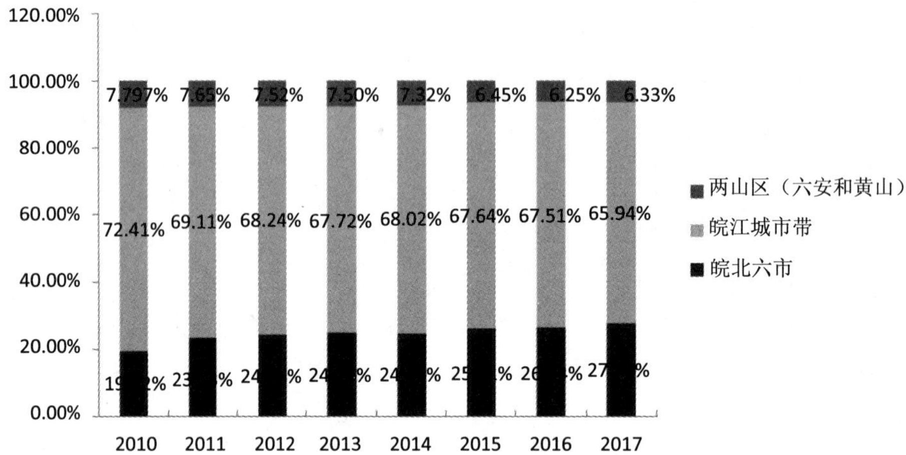

图 3-17　2010—2017 年安徽省各区域固定资产投资额占全省比重

条政策，提出了财政扶持、干部激励、土地保障等方面的具体措施，特别是在基础设施建设、园区共建、重大项目布局、特色产业发展等方面进一步加大支持力度，推动皖北走上内生发展的良性轨道。于是，皖北地区的固定资产投资额占全省的比重由 2010 年的 19.62%上升至 2011 年的 23.23%，并且一直呈现上升态势至 2013 年。2014 年，由于经济衰退，比重下滑。但 2015 年以后，呈现出逆势上扬的态势，比重有所上升，至 2017 年所占比重升为 27.73%。

再看皖江城市带的八市，固定资产投资额占全省的绝大部分，所占比重在 2010 年达到了 72.41%。2011 年，皖江城市带固定资产投资继续保持快速增长，固定资产投资总额达 8380.7 亿元，不过各地投资增速差距较大。但随着支持皖北发展各项政策措施发挥效应，皖北六市投资加快增长，皖江城市带固定资产投资占全省的比重在 2011 年开始下降，下降为 69.11%。这一下降趋势一直持续到 2013 年，在 2014 年略有上升，为 68.02%，此后 2015 年至 2017 年所占比重继续有所下降，至 2017 年所占比重为 65.94%。

对于两山区，即六安和黄山两市，从 2010 年至今，总的来说固定资产投资额占全省的比重不足一成，并且逐年缓慢下降。2011 年，两市固定资产投资总额增速分别为 28%和 25.6%，增速在全省的位次分别降低为第 12 和第 15 位，所占比重也下降为 7.65%。2017 年，两市固定资产投资额占全省的比重有所上升，为 6.33%。

二、2018 年安徽固定资产投资额预测

下面我们利用安徽省 1990 年至 2017 年的固定资产投资完成额年度数据，开始预测 2018 年的安徽省固定资产投资完成额。

首先，我们使用多项式曲线拟合模型进行预测，如图 3-18 所示。

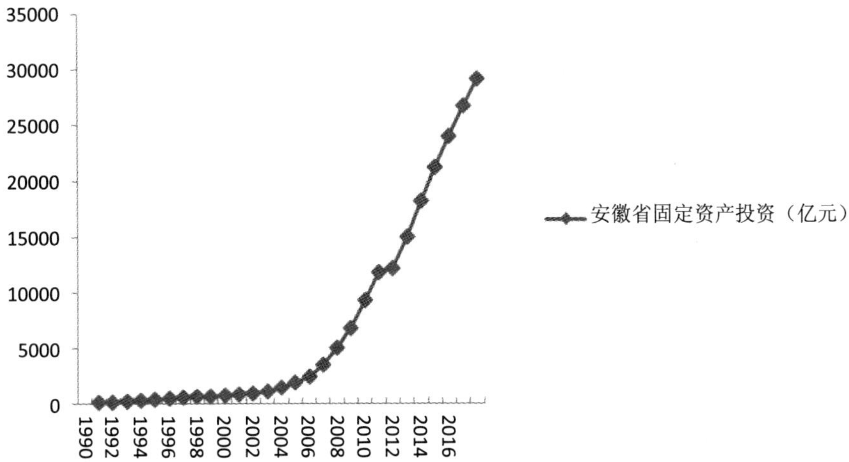

图 3-18　1990—2017 年安徽省固定资产投资额年度数据

运用 Matlab 软件经反复测试，发现三次曲线拟合效果最佳。根据最小残差平方和原理，我们最终确定了多项式参数。拟合模型如下：

$$y_t = 2.311(t-1990)^3 - 20.79(t-1990)^2 - 5.591(t-1990) + 448.8$$

其中，y_t 表示年份 t 的固定资产投资额。此模型的可决系数为 0.9953，拟合效果非常好。由上述公式可以预测出 2018 年安徽省固定资产投资额为 34723.96 亿元，与 2017 年相比增长 18.97%。

其次，为了使预测结果更为准确，我们运用无季节指数平滑模型预测法再进行一次预测。计算出阻尼因子为 $\alpha=0.95$，$\beta=0.56$，预测出 2018 年的安徽省固定资产投资额约为 31803.73 亿元，比 2017 年增长 8.97%，如图 3-19 所示。

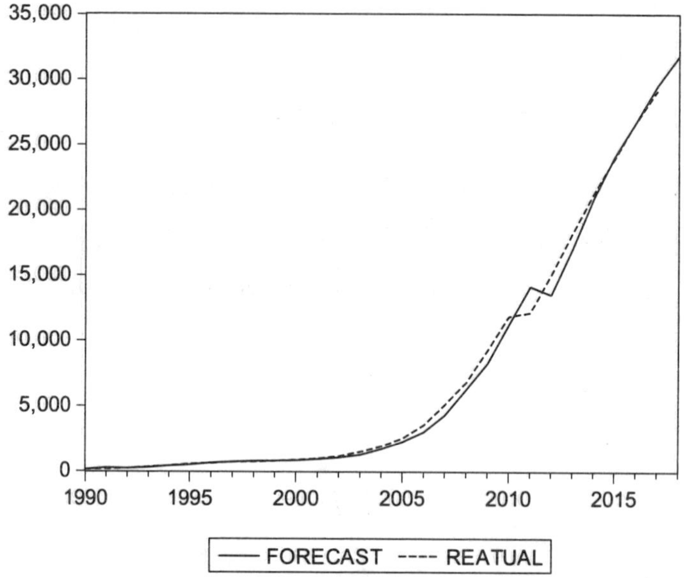

图 3－19 安徽省固定资产投资额的指数平滑预测值与实际值对比图

对两种预测法的分配权重进行组合预测，得到了最终的结果，即 2018 年安徽省固定资产投资总额为 33263.85 亿元，比 2017 年增长 13.97％。

三、存在的主要问题及对策

为了使 2018 年我省固定资产投资额实现较大幅度的增长，我们应当意识到经济建设中的问题，并积极寻找应对策略。

分析 2017 年的固定资产投资情况，我们发现了以下问题：一是投资的经济效益明显下滑。近年来，受国际金融危机以来外贸出口长期低迷的影响，我国主要工业行业产能过剩矛盾凸显，产业投资回报率显著下滑。二是财政整固抑制政府及基建类投资。当前，我国财政风险尤其是地方政府债务风险隐患需要予以高度重视。全口径政府赤字规模快速攀升，政府违规提供担保、政府信用介入的企业债务规模野蛮式生长。三是金融去杠杆推高资金成本。针对相当一部分资金在金融体系内循环、快速加杠杆、进行监管套利、累积金融风险等问题，央行加强宏观审慎监管和推进积极稳妥去杠杆。在去杠杆的政策取向下，金融市场利率普遍上行，资金成本明显走高。

2018年投资工作应围绕“发挥投资对优化供给结构的关键性作用”的基本思路，坚持问题导向，着力扩大有效投资、激活民间投资新空间，进一步推广PPP模式，支持企业技术改造，健全房地产市场长效机制，优化批发零售业投资环境，促进固定资产投资提质增效。

第六节　2018年安徽居民消费价格指数预测

根据最新统计结果，2017年安徽省物价温和上涨。全年居民消费价格同比上涨1.2%，涨幅比上年低0.6个百分点，涨幅比全国低0.4个百分点，比年度控制目标低1.8个百分点。

对2017年第一季度进行分析，第一季度居民消费价格同比上涨1.1%，涨幅比全国低0.3个百分点，其中3月份上涨0.7%。工业生产者出厂价格同比上涨9.6%，其中3月份上涨9.5%。工业生产者购进价格上涨9.9%，其中3月份上涨10.2%。对2017年上半年进行分析，上半年，居民消费价格同比上涨1.2%，涨幅比全国低0.2个百分点。工业生产者出厂价格同比上涨8.7%，工业生产者购进价格上涨9.5%。

对2017年前三季度进行分析，前三季度居民消费价格同比上涨1.2%，涨幅与上半年持平，其中9月份上涨1.2%。工业生产者出厂价格同比上涨8.5%，其中9月份上涨8.6%、涨幅连续4个月回升。工业生产者购进价格同比上涨9.4%，其中9月份上涨10.2%。对2017年12月份进行分析，食品烟酒类由降转升、工业消费品价格涨幅，服务类项目价格涨幅回落。12月份，全省居民消费价格上涨1.4%，涨幅比上月扩大0.4个百分点，比全国低0.4个百分点。食品烟酒由上月下跌1.2%转为上涨0.1%，工业消费品价格上涨2.2%、涨幅回升0.1个百分点；服务类项目价格上涨1.8%，涨幅比上月回落0.1个百分点。

纵观全国范围，2017 年，全国居民消费价格指数上涨 1.6%，涨幅比 2016 年回落 0.4 个百分点；工业生产者出厂价格由 2016 年下降 1.4%，转为上涨 6.3%，结束了 2012 年以来连续五年的下降态势。总体上看，居民消费价格温和上涨，物价水平保持平稳；工业生产者出厂价格持续恢复性上涨，但涨势趋稳。

为了便于比较 2017 年安徽省和全国的居民消费价格指数走势，我们利用 2017 年月度数据绘制出对比折线图，如图 3 - 20 所示。

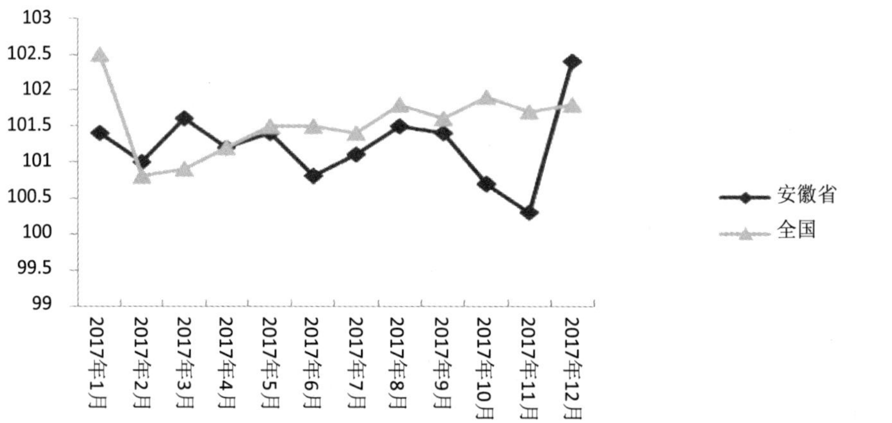

图 3 - 20　2017 年各月同比居民消费价格指数

由图 3 - 20 可知，2017 年除了 2—3 月以及 12 月的安徽省居民消费价格指数高于全国之外，其余月份均低于全国的数据，总体来说我省通货膨胀率低于全国的通货膨胀率，我省零售物品的价格低于全国平均水平，这将促进我省居民的消费量，有利于我省的经济发展。下面我们将根据 1990 年至 2017 年的安徽省居民消费价格指数，分别运用 ARMA 模型预测和灰色预测法对 2018 年的安徽省居民消费价格指数进行预测。

一、居民消费价格指数的 ARMA 模型预测

我们先对原始数据进行 ADF 单位根检验，发现原序列并不平稳，对其进行二阶差分，如图 3 - 21 所示。

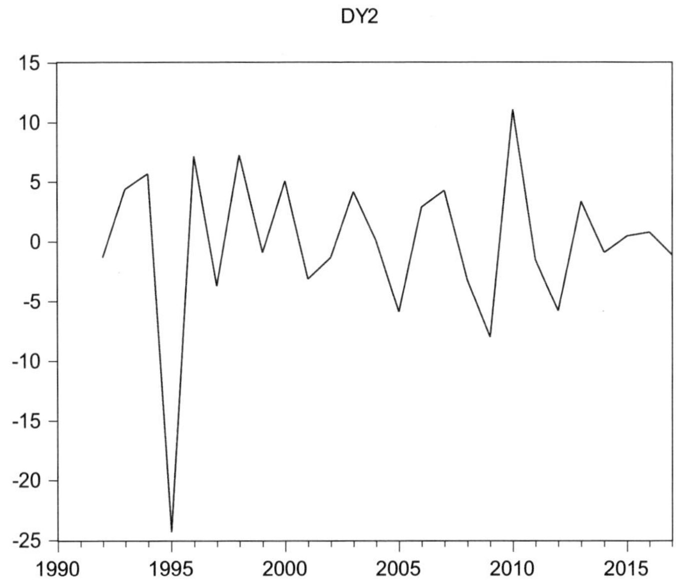

图 3－21　安徽省居民消费价格指数二阶差分序列图

观察上图，发现数据的波动已经比较稳定了，此时我们再做 ADF 单位根检验，结果显示二阶差分后的序列是平稳序列，检验结果见表 3－7 所列。接下来我们建立 ARMA 模型。

表 3－7　二阶差分后序列的 ADF 检验结果

检验类型	显著性水平	ADF 检验值	临界值	结论
回归方程包含常数项	1%	－5.501722	－3.737853	平稳
	5%	－5.501722	－2.991878	平稳
	10%	－5.501722	－2.635542	平稳

观察序列的自相关图和偏自相关图，我们发现自相关系数是一阶截尾的，而偏自相关系数是拖尾的，所以我们判断应当建立 MA（1）模型。模型如下：

$$\begin{cases}(1-B)\ 2X_t=\varepsilon_t-0.9969\varepsilon_{t-1}\\ \varepsilon_t\sim WN\ (0,\ \sigma_\varepsilon^2)\end{cases}$$

此模型 t 统计量的 P 值显著地小于 0.05，即参数显著不为零，参数估计是有效的。可决系数为 0.48，说明此模型的整体拟合效果比较好。此模型的 DW 检验值为 1.92，非常接近 2，说明残差序列不存在自相关关系。据此，我们可以认为此 MA（1）模型通过了检验，且拟合效果良好。图 3-22 是安徽省 CPI 二次差分后的真实值与拟合值。

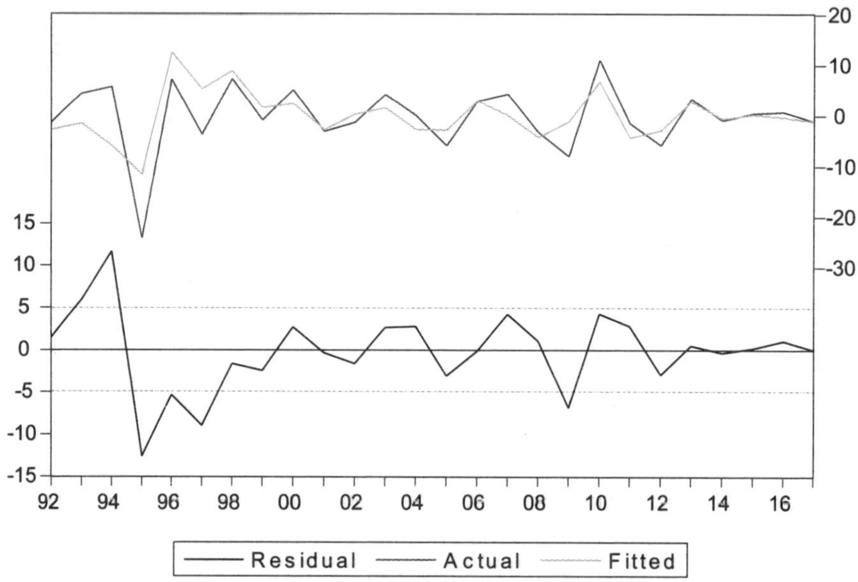

图 3-22　安徽省 CPI 二次差分后的真实值与拟合值

根据上述模型，我们带入原始数据计算，并进行二阶差分还原，最终得出 2017 年的安徽省居民消费价格指数为 100.5%（上年=100）。

二、居民消费价格指数的灰色预测

由于灰色预测 GM（1，1）模型所需要的数据量比较少，并且近几年我国正处于经济转型期，故我们只选取 2013 年至 2017 年的 CPI 数据对模型进行拟合。我们首先对数据进行了级比检验，发现所有的级比都落在可容覆盖[0.9951，1.0079]内，则原始序列 $X^{(0)}$ 可以作为模型 GM（1，1）的数据进行灰色预测。预测模型如下：

$$\hat{X}^{(1)}(k+1)=\left[X^{(0)}(1)-\frac{\mu}{a}\right]e^{-ak}+\frac{\mu}{a}$$

经过计算，发展灰数 a=0.0001，内生控制灰数 μ=101.5551，故此预测模型具体为：

$$\hat{X}^{(1)}\ (k+1)\ =-1015448.6e^{-0.0001k}+1015551$$

表 3－8 是 2013 年至 2017 年的安徽省 CPI 实际值与拟合值的对比。将数据带入上述模型进行运算，经过累减还原可预测出 2018 年我省 CPI 为 101.5%（上年＝100）。组合两种模型的估计结果，我们得到 2018 年安徽省居民消费价格指数为 101.1%。

表 3－8　2013—2017 年安徽省 CPI 灰色预测原始数据的实际值与拟合值

年份	2013 年	2014 年	2015 年	2016 年	2017 年
CPI 实际值	102.4	101.6	101.3	101.8	101.2
CPI 拟合值	102.4	101.54	101.53	101.52	101.51

总结上文，可得到 2018 年安徽省主要宏观经济指标预测结果，见表 3－9 所列。

表 3－9　2018 年安徽省主要宏观经济指标预测结果

指标名称	指标预测值	预计增长速度（%）	预测方法
地区生产总值（亿元）	29995.38	9.00	ARMA、指数平滑、灰色预测
人均地区生产总值（元/人）	48184.54	9.21	
进出口总额（亿美元）	558.29	4.08	ARMA、灰色预测
社会消费品零售总额（亿元）	11355.45	15.07	指数平滑、趋势外推预测
固定资产投资额（亿元）	33263.85	13.97	指数平滑、趋势外推预测
居民消费价格指数（2017 年＝100）	101.1	1.1	ARMA、灰色预测

第四章　2017 年安徽各地市经济发展比较分析

2017 年是供给侧结构性改革深化之年。我省坚持质量第一、效益优先，开拓创新、真抓实干，大力推动经济发展质量变革、效率变革、动力变革，质量效益持续改善，增长动力快速转换，供给体系质量进一步提高，全要素生产率稳步提升，经济持续健康较快发展，站上发展新起点。合肥、芜湖、马鞍山、铜陵是安徽经济最发达的核心地区，2017 年，四座城市的 GDP 增速明显领先省内其他城市，全国排名也大幅上升，进一步确立了合肥城市群的优势地位。与此同时，确立合肥、芜湖、阜阳、安庆四大经济中心格局，减少对省会合肥的依赖，北部对接中原城市群、黄淮海经济区，西南对接长江中游城市群，中部和东南对接长三角经济区，促进区域平衡发展。皖北发展速度从追赶者成为领跑者，煤炭价格上浮明显，拉动皖北资源型城市的发展；更重要的是，供给侧结构性改革的积极作用在皖北凸显；另外，发展质量和效率稳步提升，工业企业资产负债率下降，新动能加速成长，创新驱动力增强，这些都造就了皖北的振兴发展。

第一节　2017 年安徽各地市经济运行情况概述

一、2017 年安徽各地市生产总值概况

2017 年，在国内外发展环境错综复杂、安徽省去产能治污染任务艰巨繁重、结构调整阵痛加剧的情况下，全省经济走势稳健、质态良好，成绩来之不易。全年全省生产总值 27518.7 亿元，按可比价格计算，比上年增长 8.5%。其中，第一产业增加值 2611.7 亿元，增长 4%；第二

产业增加值 13486.6 亿元，增长 8.6%；第三产业增加值 11420.4 亿元，增长 9.7%。从 16 市 GDP 实际增速来看，亳州、宿州、蚌埠、阜阳和滁州增速位居全省前 5。皖北发展速度从追赶者成为领跑者，皖北地区亳州以实际增速（9.2%）位居全省第 1，宿州和蚌埠以实际增速（9.1%）并列全省第 2，阜阳以实际增速（9.0%）位居全省第 4，在皖北地区乃至全省经济增长的高位，而皖北仍呈现两极分化局面，淮北、淮南实际增速位居倒数后二三位；整体来看，发展质量和效率稳步提升，工业企业资产负债率下降，新动能加速成长，创新驱动力增强，这些都造就了皖北的振兴发展。皖江城市带的增速有所回落，滁州以实际增速（9.0%）并列全省第 4，芜湖（8.9%）、马鞍山（8.7%）分别降至第 6、7 位，池州（5.5%）增速则降至全省最后一位。从总量上看，合肥、芜湖、马鞍山分别以 7213.4 亿元、3065.5 亿元和 1738.1 亿元居前三名；从排名中不难看出，全省经济规模最大的 3 个城市均为皖江城市带承接产业转移示范区内的城市。这得益于自 2010 年初规划获批后，皖江示范区空间布局、载体建设和产业承接取得重大突破，品牌效应、联动效应、示范效应彰显。

从各市生产总值占全省 GDP 的比重来看，2017 年，合肥市 GDP 占全省 25.71%，同比上升 0.31 个百分点，继续遥遥领先于省内其他地区；芜湖在全省的经济地位依旧稳定，生产总值占全省的比重达到 10.93%，同比下降 0.02 个百分点；比重在 5%～10%之间的依次为马鞍山（6.20%）、安庆（6.09%）、滁州（5.73%）、阜阳（5.60%）、蚌埠（5.53%）和宿州（5.36%）六市，分居全省第 3～8 位；比重在 5%以下的分别是六安（4.34%）、宣城（4.24%）、亳州（4.22%）、铜陵（4.15%）、淮南（3.96%）、淮北（3.31%）、池州（2.33%）、黄山（2.30%）（图 4－1）。

从各市经济发展对全省经济增长的贡献看，2017 年，省会合肥对全省经济增长贡献度最大，为 27.66%，比上年同期降低 1.41 个百分点，芜湖其次，为 10.78%。其余各地区均未超过 10%，贡献度在 5%～10%之间的依次为马鞍山（7.19%）、铜陵（6.08%）、滁州（5.45%）、安庆（5.22%）四市，分居 3～6 位，值得注意的是，铜陵

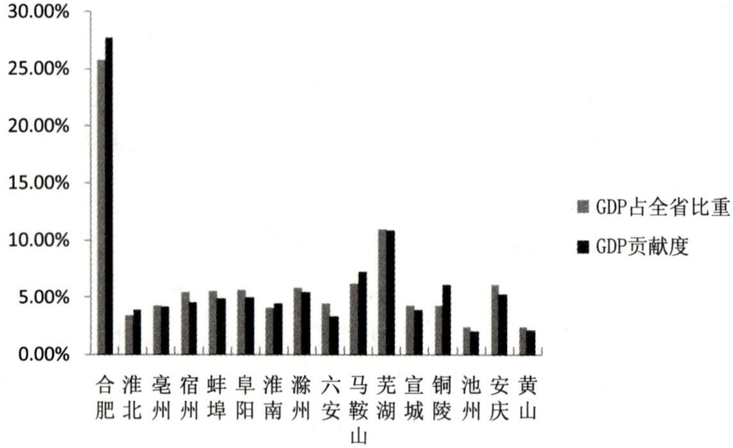

图 4-1 2017 年安徽省各地区 GDP 比重及贡献度

的经济贡献度显著提高，由去年的第 14 位上升至第 4 位；贡献度在 3%～5% 之间的依次为阜阳（4.98%）、蚌埠（4.86%）、宿州（4.48%）、淮南（4.35%）、亳州（4.06%）、宣城（3.85%）、淮北（3.83%）、六安（3.26%）八市，分居 7～14 位；贡献度低于 3% 的依次为黄山（2.03%）、池州（1.92%），分居第 15、16 位（图 4-1）。

二、2017 年安徽区域①经济发展概况

根据安徽省的产业空间格局，本研究将安徽省 16 个地市划分为三大区域，即皖江城市带、皖北地区和其他地区。下面分别考察 2017 年三大区域的经济发展情况。

（一）皖江城市带产业结构调整优化

皖江城市带承接产业转移示范区中的合肥、芜湖是安徽省目前乃至今后一个时期经济发展最具活力和潜力的两大增长极，是承接产业转移的核心区域；安庆、池州、铜陵、芜湖、马鞍山 5 个沿江市是承

① 本研究把安徽 16 个地市划分为三大区域：合肥、芜湖、马鞍山、铜陵、安庆、池州、滁州、宣城八市属于皖江城市带，依据 2010 年 1 月 12 日，国务院批准实施的《皖江城市带承接产业转移示范区规划》中，皖江城市带的规划范围为安徽省长江流域，主要包括合肥、芜湖、马鞍山、铜陵、安庆、池州、巢湖、滁州、宣城九市全境和六安市的舒城县、金安区，共 59 个县（市、区）；淮北、亳州、蚌埠、阜阳、淮南、宿州六市属于皖北地区；六安和黄山归于其他地区。

接产业转移的主轴线；滁州和宣城这“两翼”正着力打造承接沿海地区特别是长三角产业转移的前沿地带（图 4－2）。为拓展该区域中心城市的发展空间，2011 年 8 月 22 日，安徽省民政厅召开新闻发布会，正式宣布将巢湖分为三个部分，分别划入合肥、芜湖和马鞍山。作为皖江城市带的重要地区，在行政区划调整后，合肥、芜湖、马鞍山三市连成一片，这样形成的集群效应将显著提升区域核心竞争力，从而加快安徽省通过产业承接转移真正融入长三角的步伐，甚至参与经济全球化竞争与合作。

图 4－2　皖江城市带中安徽省主要地市分布情况

2017 年，示范区经济运行总体平稳，呈现产业结构调整优化、质量效益明显提升、新兴动力加快成长、对外贸易形势转好的良好态势。新兴产业加快成长，集聚发展态势初步形成。新型显示、智能语音等 16 个示范区战略性新兴产业集聚发展基地快速成长。外贸由降转增，外商直接投资速度加快。郑蒲港新区现代产业园依托马鞍山综合保税区，港产城一体化建设加快. 苏滁现代产业园依托中新集团外资招商平台，外向程度稳步提高。

从前三季度情况看，示范区生产总值 12992.2 亿元，按可比价格计算，比去年同期增长 8.3%，增幅与全省持平，比上半年回落 0.1 个百分点。其中，第一产业增加值 646.2 亿元，增长 3.5%；第二产业增加值 7013.6 亿元，增长 8.4%；第三产业增加值 5332.5 亿元，增长8.7%。规模以上工业增加值5635.3亿元，增长8.9%，增幅高于全省0.1个百分点，比上半年提高0.4个百分点。分行业看，37个大类行业中有33个同比增长，其中9个增幅超过10%。固定资产投资14692.2亿元，增长8.4%，增幅低于全省1.6个百分点，比去年同期、今年上半年分别回落3个和0.2个百分点。其中，工业投资增长11.7%。社会消费品零售总额4996.7亿元，增长11.7%，增幅与全省持平，比上半年回落0.3个百分点。其中，限额以上消费品零售额2686亿元，增长10.2%。进出口总额341.8亿美元，增长28.5%，增幅高于全省0.4个百分点，比上半年提高1.9个百分点。其中，出口187.2亿美元，增长15.8%。财政收入2465.8亿元，增长11.8%，增幅低于全省0.3个百分点，比去年同期提高2.3个百分点，比上半年回落0.4个百分点。财政支出2478.6亿元，增长11.5%。

皖江城市带的“双核”即合肥和芜湖，在2017年的发展中全面贯彻落实党的十八大、十九大和省市党代会精神，经济实力再上台阶。2017年，合肥市实现地区生产总值7213.4亿元，比上年增长8.5%；其中，第一产业实现增加值272.75亿元，增长3.7%；第二产业实现增加值3643.08亿元，增长8.6%；第三产业实现增加值3297.62亿元，增长8.9%。整体看来，2017年合肥市经济实力再上台阶，主要指标稳居全国省会城市前十，对全省经济增长的贡献率进一步提升。作为省会城市，合肥的首位度也在不断提升。2017年，规模以上工业增加值增长9%以上；固定资产投资6350亿元，增长5%；财政收入1251.1亿元，增长12.3%，其中地方财政收入655.9亿元，增长6.7%；社会消费品零售总额2730亿元，增长11.8%；进出口总额238亿美元、增长27%；居民人均可支配收入31800元，增长9.2%。合肥的科技创新再添动力，综合性国家科学中心、“中国制造2025”试点示范城市建设高位推进，量子科技创新研究院、江淮大众新能源汽车、引江济淮三个全省“一号工程”全面开工；改革开放激发活力，全面创新改革试验纵深推进，内陆开放新高地加快崛起。

2017年，芜湖市经济运行主要特点表现为：稳中有进，质效提升，结构不断优化，新动能加快培育，发展后劲持续增强。实现地区生产总值3065.52亿元，经济总量居全省第2位，比上年增长8.9%；分产业看：第一产业实现增加值129.67亿元，增长4.3%；第二产业实现增加值1716.4亿元，增长8.6%；第三产业实现增加值1219.45亿元，增长9.7%。全年规模以上工业增加值增长9.0%；完成固定资产投资3342.24亿元，比上年增长11.2%；实现社会消费品零售总额930.86亿元，比上年增长12.4%；全年城镇常住居民人均可支配收入35175元，增长8.9%；城市居民消费价格指数上涨1.3%，低于全国0.3个百分点；实现进出口总额63.77亿美元，比上年增长12.3%，其中，进口22.33亿美元，增长37.1%；出口41.44亿美元，增长2.4%。今后时期，皖江城市带的这两个城市仍旧是安徽经济发展最具活力和潜力的两大增长极，是承接产业转移的核心区域。

"一轴"上的安庆、池州、铜陵、马鞍山四个沿江市保持了经济规模的进一步扩大。2017年，安庆市地区生产总值为1708.6亿元，总量居全省第4位；按可比价格计算，比上年同期增长8.2%，增速居全省第10位。其中，第一产业增加值193.7亿元，增长3.7%；第二产业增加值828.5亿元，增长9.2%；第三产业增加值686.4亿元，增长8.4%。社会消费品零售总额为764.2亿元，同比增长12.1%。总量居全省第4位，增速比前三季度放缓0.2个百分点，高出全省平均水平0.2个百分点，居全省第6位。农林牧渔业总产值达366.0亿元，同比增长3.7%；固定资产投资总额1731.2亿元，同比增长13.8%；社会消费品零售总额764.2亿元，同比增长12.1%，总量居全省第4位，增速比前三季度放缓0.2个百分点，高出全省平均水平0.2个百分点，居全省第6位。

2017年，池州市经济运行总体平稳、稳中向好，转型升级步伐加快，质量效益明显改善。全市实现生产总值654.1亿元，比上年增长5.5%。其中，第一产业实现增加值72.7亿元，增长3.4%；第二产业实现增加值297.3亿元，增长5.8%；第三产业实现增加值284.1亿元，增长5.8%。全年规模以上工业增加值比上年增长6.0%；规模以上工业中，全年战略性新兴产业产值比上年增长21.4%，增幅比上年提高4.4个百分点，产值占比由上年的12.7%提升到14.9%。进出口总额7.7亿美元，比上年增长 23.4%，居全省第 4 位；固定资产投资 714.6 亿元，比上年增长 9.5%，增幅比上年加快 0.8 个百分点；全年财政收入 102.1 亿元，比上年增长 2.0%，其中地方财政收入 65.2 亿元。

2017 年铜陵积极适应把握引领经济发展新常态，以供给侧结构性改革为主线，大力实施五大发展行动计划，扎实开展“产业集聚基地推进年”“特色小镇培育建设年”“协调发展提升年”活动，统筹推进各项工作，经济社会保持平稳健康发展。全年实现地区生产总值 1163.9 亿元，按可比价格计算，增长 8.2%；其中，第一产业实现增加值 49.1 亿元，增长 3.3%；第二产业实现增加值 733.2 亿元，增长 8.5%；第三产业实现增加值 381.5 亿元，增长 8.2%。完成财政收入 167.8 亿元，增长 9.1%；固定资产投资 1330 亿元，增长 11%；社会消费品零售总额 340 亿元，增长 12.3%；城镇、农村居民人均可支配收入 33237 元、13139 元，分别增长 8.5%、9%。外贸进出口总值 375.2 亿元，同比增长 20.6%；其中，进口总值 336.5 亿元，同比增长 25.9%；出口总值 38.7 亿元，同比下降 11.7%。

2017 年，马鞍山市经济运行呈现稳中有进、结构优化、效益提升的健康发展态势。全市实现 GDP 1738.09 亿元，总量跃居全省第 3，比上年增长 8.7%，比全省高 0.2 个百分点；其中，第一产业增加值 85.2 亿元，增长 3.8%；第二产业增加值 989.4 亿元，增长 8.7%；第三产业增加值 663.5 亿元，增长 9.5%。完成固定资产投资 2255.72 亿元，比上年增长 9.3%，增幅比 1—11 月份提升 2.7 个百分点，比前三季度提升 3.8 个百分点。其中，第一产业投资 52.61 亿元，增长 14.8%；第二产业投资 1213.42 亿元，增长 11.6%；第三产业投资 989.69 亿元，增长 6.3%。全年实现财政收入 245.29 亿元，比上年增长 10.1%，增幅比上年提升 4 个百分点；实现社会消费品零售总额 529.45 亿元，比上年增长 12.5%，增幅居全省第 2；规模以上工业增加值比上年增长 9.0%；全年完成进出口总额 38.05 亿美元，比上年增长 19.3%，其中，出口 15.89 亿美元，增长 5.3%；进口 22.16 亿美元，增长 31.9%。

滁州和宣城这“两翼”正着力打造承接沿海地区特别是长三角产业转移的前沿地带。2017 年滁州市完成生产总值（GDP）1607.7 亿元，同比增长 9.0%，高于全省 0.5 个百分点，总量居全省第 5 位，增速居全省第 4 位。全年全市规模以上工业增加值同比增长 9.9%，高于全省 0.9 个百分点，增速列全省第 4 位。固定资产投资增长平稳，全年完成固定资产投资 1929.1 亿元，同比增长 13.5%，比全省高 2.5 个百分点，总量位居全省第 4 位，增速居全省第 5 位。实现社会消费品零售总额 574.4 亿元，同比增长 11.5%。进出口增速回升，外商直接投资保持稳定增长。全年完成进出口总额 27.7 亿美元，同比增长 19.8%，增速比上年提升 5.6 个百分点。全市完成外商直接投资 12.24 亿美元，同比增长 7%。结构调整进一步优化。全年三次产业比重为 14.1∶51.0∶34.9，其中二产、三产比重分别上升 0.84 和 0.73 个百分点，三产增速最快。

2017 年宣城市地区生产总值为 1188.6 亿元，当年净增 120.6 亿元，比上年增长 8.5%，增幅与全省持平，完成年初预期目标。总量继续保持全省第 10 位，增幅第 8 位，比上年前移 2 位。其中：一季度增长 8.3%，上半年增长 8.3%，前三季度增长 8.1%，全年增长 8.5%。分产业看，第一产业增加值 131 亿元，增长 4%；第二产业增加值 571.5 亿元，增长 8.7%；第三产业增加值 486.1 亿元，增长 9.7%。三次产业结构由上年的 11.9∶47.9∶40.2 调整为 11∶48.1∶40.9。人均 GDP 为 45584 元（折合 6751 美元）。

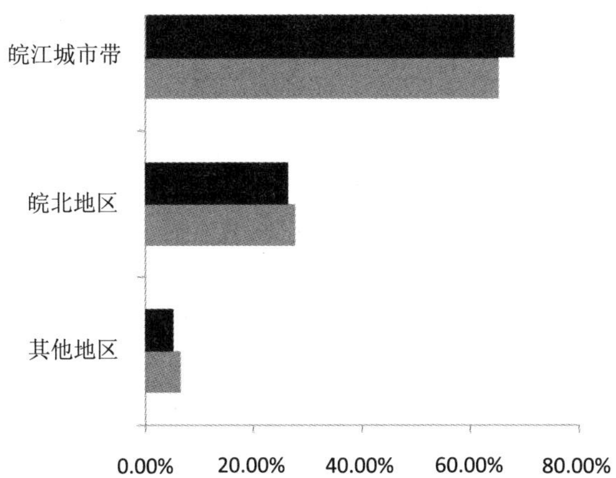

图 4-3　2017 年安徽省各区域 GDP 比重和经济增长贡献度

（二）皖北发展速度从追赶者成为领跑者

2017 年，皖北地区经济增长全省领先，供给侧结构性改革的积极作用在皖北凸显。全年皖北六市生产总值为 7850.2 亿元，同比增长 8.6%，增幅比全省高 0.1 个百分点，比上年同期高 0.4 个百分点。六市规模以上工业增加值增长 9.5%，增幅高于全省 0.5 个百分点；六市战略性新兴产业产值增长 22.2%，高于全省 0.8 个百分点；完成固定资产投资 8092.9 亿元，增长 15.4%，高于全省 4.4 个百分点；社会消费品零售总额 3588.1 亿元，增长 12.1%，增幅比全省高 0.2 个百分点；六市财政收入 1148.8 亿元，增长 13.9%，高于全省 2.8 个百分点。对于皖北中心城市蚌埠，2017 年实现地区生产总值 1550.7 亿元，增长 9.1%，高于全省平均水平 0.6 个百分点，增速保持全省前列。GDP 增速连续 26 个季度高于全省平均水平，其中 24 个季度位居全省前 5 位。2017 年 4 个季度分居全省第 5、第 5、第 5、第 2 位。三次产业齐头并进。一产增加值 205.3 亿元，增长 4.2%，居全省第 4 位；二产增加值 681.3 亿元，增长 9.6%，居全省第 3 位；三产增加值 664 亿元，增长 10.1%，居全省第 5 位。产业结构不断优化。一、二、三产占 GDP 比重由上年的 14.2∶44.3∶41.5 调整为 13.2∶43.9∶42.9，二、三产合计占比达 86.8%，同比提高 1 个百分点。外贸进出口总额 17.71 亿美元，总量居全省第 6 位，同比增长 0.53%，增速居全省第 13 位，较 2016 年同期前移一个位次；其中进口额 8.32 亿美元，同比增长 45.74%。全年社会消费品零售总额 725.1 亿元，增长 12.6%，总量和增速分居全省第 5 和第 1 位；城镇和农村居民人均可支配收入分别增长 8.8%和 9.4%，高于全省 0.3 个和 0.5 个百分点，均居全省第 4 位。从工业结构看，高新技术产业增加值增长 16.6%，高于规模的上工业增加值 6.8 个百分点，增加值占比由上年的 41.7%提高至 43.7%；战略性新兴产业产值增长 18.3%，高于规模以上工业产值 3.4 个百分点，产值占比由上年的 33.2%提高至 34.6%。

2017 年，阜阳市生产总值为 1571.1 亿元，按可比价格计算，增长 9.0%。增幅快于全省 0.5 个百分点，居全省第 3 位，比上年同期前移 4 位。其中，第一产业增加值 310.7 亿元，增长 4.1%；第二产业增加值637.3亿元，增长9.8%；第三产业增加值623.1亿元，增长10.8%。全年规模以上工业增加值增长10.3%，快于上年0.3个百分点，高于全省1.3个百分点，居全省第2位。全年固定资产投资1632.5亿元，增长26.3%，增速高于全省15.3个百分点，持续32个月居全省首位。全年社会消费品零售总额852.0亿元，增长12.2%。全年财政收入277.1亿元，增长22.6%，增幅比上年提高9.6个百分点，高于全省11.5个百分点。其中，税收收入238.8亿元，增长26.0%，占财政收入的86.2%，较上年提高2.3个百分点。全市财政支出完成515.2亿元，增长18.2%。其中民生支出443.5亿元，占财政支出的86.1%，比上年提高1.2个百分点。

与此同时，皖北战略地位进一步提升，国家明确支持推进淮河生态经济带建设，宿州、亳州、淮北携手皖北两大中心城市蚌埠、阜阳成功跻身中原城市群。其中，2017年宿州经济延续稳中有进、稳中向好的发展态势，主要指标增长快于全省、位次靠前，产业结构调整优化，新兴动能加快成长，较好地完成了全年经济发展预期目标。全年实现地区生产总值1503.9亿元，按可比价格计算，增长9.1%，高于全省0.6个百分点，居全省第2位，比上年提升3个位次。其中，第一产业增加值258.5亿元，增长3.6%；第二产业增加值575.7亿元，增长9.6%；第三产业增加值669.7亿元，增长11.5%。全年规模以上工业增加值增长9.8%，比上年提高0.5个百分点，高于全省0.8个百分点，居全省第5、皖北第3位，为近五年最高水平。全年固定资产投资1403亿元，增长10.8%，比前三季度提高1.3个百分点。全年社会消费品零售总额533.7亿元，增长11.9%，居全省第8位。全年进出口总额5.8亿美元，增长23.2%，比上年提高59.9个百分点，高于全省2.4个百分点，居全省第5位。其中，出口额5.1亿美元，增长31.0%，居全省第1位。

2017年，亳州市生产总值1184亿元，按可比价格计算，比上年增长9.2%。其中，第一产业增加值209.8亿元，增长4.5%；第二产业增加值474.3亿元，增长9.7%；第三产业增加值499.9亿元，增长11%。一、二、三次产业比例为17.7∶40.1∶42.2。规模以上工业增加值增长 10.4%，增幅比全省高 1.4 个百分点，比上年同期提高 0.4 个百分点，居全省第 1 位，创两年来最高增速。固定资产投资完成 1067.2 亿元，比上年增长 22%，高出全省 11 个百分点，比上年同期提高 8 个百分点，居全省第 2 位。社会消费品零售总额 550.7 亿元，比上年增长 11.9%，增幅与全省持平，居全省第 8 位。全年进出口总额 6.6 亿美元，比上年增长 27.8%，增幅比全省高 7 个百分点，居全省第 3 位。其中，出口 6 亿美元，增长 30.5%，比全省高 23.3 个百分点为，居全省第 2 位。全年财政收入 170.9 亿元，增长 16%，比上年提高 2.8 个百分点，高于全省 3.9 个百分点，居全省第 3 位。

2017 年，淮北市完成地区生产总值 929 亿元，按可比价格计算，比上年增长 7.6%。其中第一产业增加值 64 亿元，增长 3.8%；第二产业增加值 547.3 亿元，增长 8.6%；第三产业增加值 317.7 亿元，增长 6.9%。年末全市规模以上工业企业数量达到 820 家，规模以上工业增加值比上年增长 8.9%。完成财政总收入 107.6 亿元，增长 15.3%。固定资产投资 1055.8 亿元，增长 10.1%；其中，工业投资 537.4 亿元，增长 10.4%。房地产投资 112.2 亿元，增长 21.8%；社会消费品零售总额 353.1 亿元，增长 11.8%；外贸进出口总额 6.1 亿美元，下降 0.9%；城镇居民可支配收入 29578 元，增长 8.6%；农村居民可支配收入 11611 元，增长 9%。

2017 年淮南市实现地区生产总值 1111.5 亿元，增长 6.9%；其中，第一产业实现增加值 121.2 亿元，增长 4.1%；第二产业实现增加值 552.9 亿元，增长 6.8%；第三产业实现增加值 437.3 亿元，增长 8.0%。全市规模以上工业实现增加值 364.6 亿元，同比增长 7.3%；完成固定资产投资 1021.8 亿元，同比增长 7.0%；实现社会消费品零售总额 573.4 亿元，同比增长 11.9%；全市进出口总额 29925 万美元，同比增长 8.7%，其中，进口 2631 万美元，同比下降 27.4%；出口 27294 万美元，同比增长 14.1%；全市财政收入 162.3 亿元，同比增长 7.5%，财政支出完成 233.3 亿元，增长 7.0%。

（三）六安、黄山经济逆势上扬

2017 年，六安市实现地区生产总值 1218.7 亿元，按可比价格计算，增长7.9%，增幅同比提高0.7个百分点，高于年度目标0.4个百分点；其中，第一产业增加值190.6亿元，增长3.8%；第二产业增加值543.8亿元，增长8.2%；第三产业增加值484.4亿元，增长9.3%。全年规模以上工业增加值同比增长8.4%，增速较上年加快1.6个百分点，高于年初目标0.9个百分点，为近三年最高水平。全年完成固定资产投资1200亿元，同比增长11.6%，高于全省0.6个百分点，高于年初目标1.6个百分点，增速居全省第8位，同比前移5个位次。全年实现社会消费品零售总额604.8亿元，同比增长11.7%，增速同比持平，高于年初目标0.2个百分点。全年实现进出口总额71890万美元，同比增长35.3%，增幅居全省第2位，同比前移7位。其中，出口60647万美元，由上年下降2.8%转为增长20.4%，增幅居全省第4位，同比前进3位。

2017年黄山市实现生产总值645.7亿元，增长7.8%。其中，第一产业增加值57.3亿元，增长2.8%；第二产业256.2亿元，增长8.8%；第三产业332.2亿元，增长8.0%。三次产业结构由上年9.7∶39.2∶51.1调整为8.9∶39.7∶51.4，其中第一产业比重下降0.8个百分点，第二产业比重上升0.4个百分点，第三产业比重上升0.4个百分点。规模以上工业增加值增长10.3%，比全省高1.3个百分点，列全省第2位；完成固定资产投资646.9亿元，增长8.2%；社会消费品零售总额348.8亿元，增长11.4%；居民消费价格指数上涨1.4%，涨幅比上年低0.6个百分点，比全省涨幅高0.2个百分点，八大类商品价格“七涨一跌”。

第二节　2017年安徽各地市经济发展水平综合评价

为了综合反映安徽省各地市经济发展水平，利用排名来深入了解各地市在安徽经济中的地位。一定时期内，地区排名是该区域发生的各项经济活动结果的最直观反映。区域的各项经济活动主要包括经济资源的投入活动、产出活动以及由投入产出活动带来的经济量与质的变化。因此，在对各地区排名之前必须制定一套行之有效的指标测评体系，以便对各地区的经济发展状况做出及时的分析评价，更好地促进安徽各地市经济的发展。

一、指标体系设计目的和原则

（一）指标体系设计目的

本套指标体系主要考察的是安徽省各地市经济地位，目的是通过对各地区相关指标的统计，切实加强对各地市经济运行状况的考核与评价，更好地了解自身的经济发展状况，并通过与省内其他地区的对比，发现自身发展中的优势和劣势，并采取相应措施以巩固和增强优势，消除劣势；各地区主管部门利用该套指标体系可以定期对经济发展情况进行比较和分析，及时发现存在的问题，并根据经济发展过程中遇到的具体问题，适时调整产业政策，改善宏观环境，引导各地区始终坚持正确的发展方向。

（二）指标体系设计原则

为了使我们建立的经济评价体系具有全面、客观、准确的性能，指标体系设计应从评价目的出发，确保指标体系有效性，同时还应遵循以下原则。

（1）系统性与针对性原则

区域经济系统是一个多层次的复合体。指标体系应该反映区域经济运行所包含的主要因素，各层次之间要有内在联系，使之“分”可说明个别因素，“合”可说明整体结构、形象。针对性原则适用于区域经济状况的评价和排名，要求将在该领域关键的影响因素挑选出来作重点分析。

（2）可比性、可操作性与稳定性原则

区域经济运行评价结果的可比性要求评价指标必须具有可比性，这种可比性既要求反映区域经济发展状态的纵向可比性（即时序演变），又要求横向可比性（即地区间经济发展的差异）。在各评价指标中，量纲相同的指标直接可比，量纲不同的指标经无量纲化而间接可比。可操作性是指，在反映评价基本内涵的前提下，选取的指标尽可能少，并避免含义相同或相近的指标重复出现，同时做到指标含义明确，具有一定的现实统计资料作为基础，因而可依据数据资料进行计算分析，便于使用。在稳定性方面，构成指标体系的指标，应是变化比较有规律性的指标，那些受偶然因素影响大起大落的指标要尽量少选。

（3）超前性原则

区域经济发展评估指标体系，不仅要求能客观反映被评估地区经济发展的现状和地位，还要能引导经济向正确方向发展，应具有指导性、超前性。

二、安徽各地市经济发展水平综合评价指标体系设计

区域经济发展水平与区域的经济规模、结构、效益和成长性等因素密切相关。因此这里将从区域经济规模、经济结构、经济效益和经济成长性四个层面设计评价指标体系。通过这四个层面构成的指标体系可以计算出安徽省各地市经济发展水平的相对优劣系数。受到指标数据采集的限制，本研究将安徽各地区经济发展水平评价指标体系分为 4 大要素模块、8 个要素支撑点，共计 36 项指标组成（表 4－1）。数据源于《安徽省统计年鉴》、安徽各地市公开发布的 2017 年政府工作报告数据以及安徽统计局发布的统计数据。

表 4－1 安徽省各地市经济发展水平综合评价指标体系

一级指标	二级指标	支撑点名称
经济规模	GDP	增加值
	第二产业增加值	增加值
	第三产业增加值	增加值
	规模以上工业增加值	增加值
	战略性新兴产业产值	增加值
	固定资产投资额	投资
	社会消费品零售总额	市场规模
	财政收入	财政政策
	十二月份金融机构贷款余额	财政政策
	进出口总额	商品及服务出口
	工业用电量	产业结构

（续表）

一级指标	二级指标	支撑点名称
经济结构	第二产业增加值占 GDP 比重	产业结构
	第三产业增加值占 GDP 比重	产业结构
	规模以上工业增加值占 GDP 比重	产业结构
	战略性新兴产业产值占 GDP 比重	产业结构
	固定资产投资额占 GDP 比重	投资
	进出口总额占 GDP 比重	商品及服务出口
经济效益	人均 GDP	增加值
	人均财政收入	财政政策
	人均零售额	市场规模
	财政收入占 GDP 比重	财政政策
	城镇常住居民人均可支配收入	财政政策
	农村常住居民人均可支配收入	财政政策
经济成长性	GDP 增长速度	增加值
	第二产业增加值名义增长速度	增加值
	第三产业增加值名义增长速度	增加值
	规模以上工业增加值增长速度	增加值
	战略性新兴产业产值增长速度	增加值
	固定资产投资增长速度	投资
	财政收入增长速度	财政政策
	十二月末金融机构贷款余额增长速度	增加值
	进出口总额增长速度	商品及服务出口
	社会消费品零售总额增长速度	市场规模
	工业用电量增速	产业结构
	城镇常住居民可支配收入增长率	财政政策
	农村常住居民可支配收入增长率	财政政策

三、安徽各地市经济发展水平综合评价方法

影响区域经济运行的因素众多，结构复杂，各影响因素间关系纵横交错、作用相互重叠。作为一个复杂的巨系统，系统理论尤其是复

杂系统理论对地区经济发展水平进行评价研究无疑有着重要的指导作用，同时，为了从量上揭示相互联系的事物之间数量关系及其相互影响的量变规律，深入、全面地研究安徽各地市经济发展状况，还必须使用定量方法。这里将基于复杂系统理论采用组合评价方法对各地市经济发展状况进行排名。

下面选用灰色综合评价法、熵值法和主成分分析法对安徽省各地区 2017 年的经济发展状况分别进行综合评价，在此基础上使用组合评价原理与方法得到组合评价结果。

（一）灰色综合评价法

灰色系统理论中应用最广泛的是关联度分析方法，关联度分析法是分析系统中多因素关联程度的一种新的因素分析方法。灰色综合评价模型就是基于关联度分析而建立的数学模型。

（二）熵值法

熵值法是根据指标的变异信息量确定权数，原理是：设有 m 个待评方案，n 项评价指标，形成原始指标数据矩阵 $X=(x_{ij})_{m\times n}$，对于某项指标 x_j，指标值 x_{ij} 的差异越大，则该指标在综合评价中所起的作用越大；如果某项指标的指标值全部相等，则该指标在综合评价中不起作用。在信息论中，信息熵 $H(x)=-\sum_{i=1}^{n}p(x_i)\ln p(x_i)$ 是系统无序程度的度量，信息是系统有序程度的度量，二者绝对值相等，符号相反。某项指标的指标值变异程度越大，信息熵越小，该指标提供的信息量越大，该指标的权重也应越大；反之，某项指标的指标值变异程度越小，信息熵越大，该指标提供的信息量越小，该指标的权重也越小。所以，可以根据各项指标值的变异程度，利用信息熵这个工具，计算出各指标的权重，为多指标综合评价提供依据。

（三）主成分分析法

主成分分析也称主分量分析，可以将多指标转化为少数几个综合指标。在实证问题研究中，为了全面、系统地分析问题，我们必须考虑众多影响因素。这些涉及的因素一般称为指标，在多元统计分析中也称为变量。因为每个变量都在不同程度上反映了所研究问题的某些信息，并且指标之间彼此有一定的相关性，因而所得的统计数据反映的信息在一定程度上有重叠。在用统计方法研究多变量问题时，变量太多会增加计算量和增加分析问题的复杂性，人们希望在进行定量分析的过程中，涉及的变量较少，得到的信息量较多。主成分分析正是适应这一要求产生的。

可见，在区域经济评价方法上，可选的定量研究方法很多，在本书所选取的灰色综合评价法、熵值法和主成分分析法三种评价方法中，既包括了主观评价方法，也包括了客观评价方法。但无论是选用主观赋权法，还是选用客观赋权评价法进行评价，都有其自身无法解决的缺陷。组合评价是将几种评价结果进行组合的一种科学合理的评价方法，其基础是单一综合评价方法。由于在选取的评价地区经济发展的指标体系中，一些指标存在较多奇异值，同时有些指标的数据在不同年份的变化较大。如果仅采用某一种客观评价方法进行排名，可能对奇异值较大的指标赋予较大的权重；如果仅采用某一种主观评价方法进行排名，少数指标在不同地区间的较大变化也可能对地区排名产生较大影响。因此，应用单一的评价方法来对地区经济发展状况进行排名，是不太合理的。这里采用三种主要评价方法进行组合评价，能有效克服单一评价方法的诸多缺点，保证评价结果的稳健性。接下来需要将评价结果按照一定的方式进行组合，得出组合评价值，最后得到组合评价的排序结果，本书选用均值法。其步骤是：

若 r_{ik} 是方案 x_i 在第 k 种方法下所排序的位次（$i=1,2,\cdots,n$；$k=1,2,\cdots,m$），令

$$R_{ik}=n-r_{ik}+1$$

计算不同方法得分的均值为：

$$avr(R_i)=\frac{1}{m}\sum_{k=1}^{m}R_{ik}$$

最后按均值重新排序。如果有两个方案 $avr(R_i)=avr(R_j)$，则计算在不同方法下得分的标准差为：

$$\sigma_i\sqrt{\sum (R_{ik}-avr(R_i))^2/m}$$

标准差小者为优。

四、2017 年安徽各地市经济发展状况综合评价

利用安徽省 16 个地市 2017 年全年的 36 个指标数据，采用主成分分析法、熵值法和灰色关联法计量测算经济运行得分，分别得到 3 组各地市的排名与具体得分值，同时为了兼顾主客观赋权法间的优势，弥补单一计量评价方法的不足，得出更为合理、科学的评价结果，我们将灰色关联法、熵值法和主成分分析法三种计量评价结果采用平均值法进行组合，得出组合计量评价值。借助 SPSS 软件计算 2017 年安徽各地区经济发展状况评价结果的 Kendall'sW 系数为 0.59，χ^2 统计量近似的 p 值近似等于 0，因此可以拒绝原假设，通过事前检验说明这三种评价方法结果是一致的。同时，通过计算各单一计量结果与平均值法组合计量结果之间关系，Spearman 秩相关系数呈现出高度正相关关系，并且通过了 t 检验，因此通过事后检验证明了平均值法的组合结果与原三种单一方法密切相关。

本书分别按主成分分析法、熵值法和灰色关联法计量测算经济运行得分及按组合计量值的大小得到组合计量的排序结果列出，得到 2017 年安徽省各地市经济发展水平评价得分及排名，见表 4－2 所列。

表 4－2 2017 年安徽省各地市经济发展水平评价得分及排名

地区	方法							
	组合评价		主成分法		熵值法		灰色关联法	
	评价得分	名次	评价得分	名次	评价得分	名次	评价得分	名次
合肥市	16.0000	1	1.1992	1	1.2234	1	0.8844	1
淮北市	3.0000	14	−0.4179	14	−0.3833	14	0.6860	14
亳州市	7.0000	9	−0.2324	11	−0.1363	9	0.7126	10
宿州市	5.0000	13	−0.3427	12	−0.2498	12	0.7007	12
蚌埠市	13.0000	4	0.4053	3	0.2730	4	0.7379	5
阜阳市	11.6667	5	0.1723	7	0.2036	5	0.7412	4
淮南市	2.0000	15	−0.7210	15	−0.6102	15	0.6648	15
滁州市	11.3333	6	0.2370	5	0.1139	6	0.7315	6

（续表）

地区	方法							
	组合评价		主成分法		熵值法		灰色关联法	
	评价得分	名次	评价得分	名次	评价得分	名次	评价得分	名次
六安市	7.0000	9	-0.3640	13	-0.2028	10	0.7263	7
马鞍山市	13.6667	3	0.2938	4	0.3040	3	0.7474	3
芜湖市	15.0000	2	0.7106	2	0.5947	2	0.7783	2
宣城市	9.6667	7	0.2027	6	0.0648	7	0.7240	9
铜陵市	9.0000	8	0.0142	8	0.0264	8	0.7259	8
池州市	1.0000	16	-0.8288	16	-0.7483	16	0.6634	16
安庆市	6.0000	11	-0.0964	9	-0.2161	11	0.6979	13
黄山市	5.6667	12	-0.2319	10	-0.2569	13	0.7016	11

数据来源：安徽各地市政府网站公开发布的2017年度数据以及安徽统计局。

第三节　安徽各地市经济发展水平差异及成因分析

一、2017年安徽各地市经济发展状况分析

依据2017年安徽省16个地市经济发展状况排名和分值信息，我们分别绘制了条形图和雷达图，以便对各地市经济发展水平进行分析，如图4-4、图4-5所示。

条形图（图4-4）中的信息显示，2017年合肥、芜湖、马鞍山占据前三的位置。同时地处皖江城市带的滁州、铜陵、宣城三个地市得分也较高，处于全省中上游水平，皖江城市带整体区域经济运行状况较好。皖北地区和皖江城市带经济发展仍有差距。从2017年的得分与排名情况看，皖北中心城市蚌埠的经济发展水平居于全省上游，综合排名第4位；阜阳排名居全省中上游位置，综合排名第5位，较上年上升2位；亳州排名为第9位，较上年上升1位；皖北地区相较2016年的经济发展水平在全省地位有所上升，但发展不平衡问题仍然存在，宿州、淮南与淮北的综合排名较为靠后。

雷达图（图4-5）中的安徽各地市经济发展状况得分显示，在2017年，安徽各地区经济发展排名中，合肥、芜湖、马鞍山、蚌埠属于第一类，优势突出；阜阳、滁州、宣城、铜陵的经济发展状况属于第二类，优

势比较明显；六安、亳州、安庆、黄山的经济发展状况属于第三类，经济发展水平处于中游及中下游；宿州、淮北、淮南、池州的经济发展状况属于第四类，这一类的经济发展水平比较低，经济发展得分均较低。

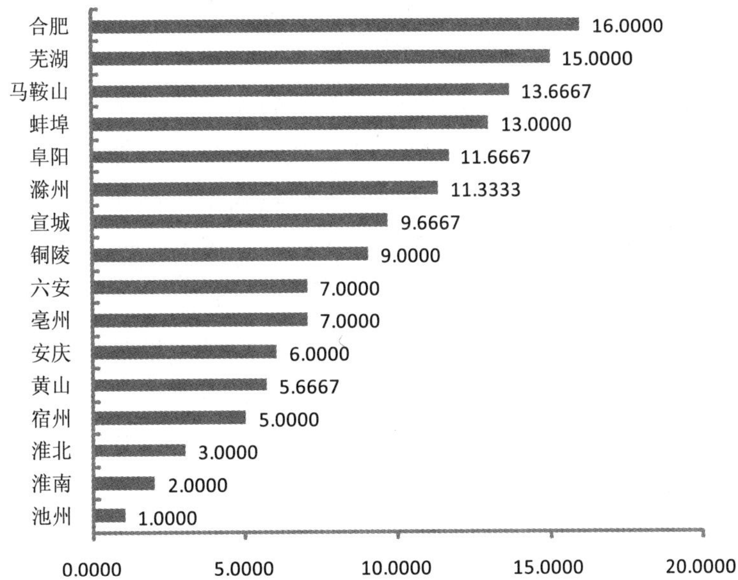

图 4－4　2017 年安徽省各地区经济发展综合得分示意图

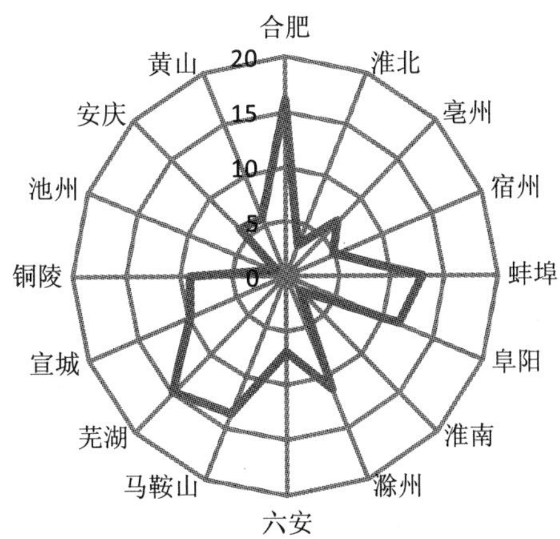

图 4－5　2017 年安徽省各地区经济发展状况雷达图

安徽省在区域统筹发展战略的指引下，建立皖江城市带承接产业转移示范区，该试验区中合肥和芜湖又是皖江城市带的中心城市，在皖江城市联动发展中担负着“领头雁”的角色，引领全省走向创新型经济道路。十八大以来，面对全市经济发展转型换挡新常态，马鞍山市出台多项政策措施，促进经济持续稳定健康发展。2017 年，全市 GDP 连闯 3 个百亿元关口，达 1738.09 亿元，自 2009 年以来首次超过安庆市，闯入全省前 3，比上年提升 1 位，净增 244.3 亿元，创建市以来最好水平。GDP 增幅高于全省 0.2 个百分点；战略性新兴产业产值增幅高于全省 5.9 个百分点；社会消费品零售总额增幅高于全省 0.6 个百分点；实际利用外商直接投资增幅高于全省 1 个百分点；城镇居民人均可支配收入增幅高于全省 0.1 个百分点；农村居民人均可支配收入增幅高于全省 0.4 个百分点。

表 4－3 为我们提供了“十三五”初期（2017 年）、“十二五”开局之年（2011 年）以及“十二五”后期（2015 年）经济发展水平前六位与后六位的城市以及所在区域情况。与“十二五”时期相比，进入“十三五”时期以来，马鞍山市把握发展机遇，经济地位有了迅猛提升；皖北中心城市蚌埠的经济稳定进入全省前列水平；合肥、芜湖继续领跑全省。

表 4－3 安徽经济发展水平前六位与后六位地区及所属区域（2017 年、2015 年和 2011 年）

经济发展水平前六位的地区及分布						
排名	2017 年		2015 年		2011 年	
	地　区	区　域	地　区	区　域	地　区	区　域
1	合　肥	皖江城市带	合　肥	皖江城市带	合　肥	皖江城市带
2	芜　湖	皖江城市带	芜　湖	皖江城市带	芜　湖	皖江城市带
3	马鞍山	皖江城市带	蚌　埠	皖北地区	铜　陵	皖江城市带
4	蚌　埠	皖北地区	铜　陵	皖江城市带	马鞍山	皖江城市带
5	阜　阳	皖江城市带	滁　州	皖江城市带	蚌　埠	皖北地区
6	滁　州	皖北地区	阜　阳	皖北地区	滁　州	皖江城市带
经济发展水平后六位的地区及分布						
排名	2017 年		2015 年		2011 年	
	地　区	区　域	地　区	区　域	地　区	区　域
16	池　州	皖江城市带	淮　南	皖北地区	池　州	皖江城市带
15	淮　南	皖北地区	黄　山	其他地区	六　安	其他地区
14	淮　北	皖北地区	六　安	其他地区	亳　州	皖北地区
13	宿　州	皖北地区	淮　北	皖北地区	宿　州	皖北地区
12	黄　山	其他地区	安　庆	皖江城市带	淮　北	皖北地区
11	安　庆	皖江城市带	池　州	皖江城市带	安　庆	皖江城市带

二、安徽各地区经济发展水平资产负债表

(一) 基于一级指标的资产负债表

以上从经济规模、经济结构、经济效益和经济成长性四个方面建立指标体系对 2017 年安徽省各地市的经济发展水平进行了综合评价和排名。下面参照瑞士洛桑国际管理学院的处理方法，把各地市排名位居安徽省前 8 位的经济发展指标列为该地区经济发展的资产，排名安徽省后 8 位的经济发展指标列为该地区经济发展的负债，编制了安徽省地区经济发展资产负债表（表 4-4）。这种以反映区域经济发展水平的指标为要素项目的经济发展资产负债表，可以说明安徽省各地区经济发展中的优势和劣势。

表 4-4　安徽省各地区经济发展一级指标资产负债情况（2017 年）

排名	地区	经济规模	地区	经济结构	地区	经济效益	地区	经济成长性
1	合肥	资产	蚌埠	资产	合肥	资产	阜阳	资产
2	芜湖	资产	宣城	资产	芜湖	资产	亳州	资产
3	马鞍山	资产	铜陵	资产	马鞍山	资产	宿州	资产
4	滁州	资产	芜湖	资产	宣城	资产	滁州	资产
5	蚌埠	资产	淮北	资产	铜陵	资产	蚌埠	资产
6	安庆	资产	马鞍山	资产	蚌埠	资产	六安	资产
7	阜阳	资产	滁州	资产	黄山	资产	马鞍山	资产
8	铜陵	资产	黄山	资产	池州	资产	芜湖	资产
9	宣城	负债	安庆	负债	滁州	负债	宣城	负债
10	宿州	负债	合肥	负债	安庆	负债	合肥	负债
11	六安	负债	阜阳	负债	淮南	负债	铜陵	负债
12	淮南	负债	六安	负债	淮北	负债	黄山	负债
13	亳州	负债	池州	负债	阜阳	负债	安庆	负债
14	淮北	负债	淮南	负债	六安	负债	淮北	负债
15	池州	负债	亳州	负债	亳州	负债	淮南	负债
16	黄山	负债	宿州	负债	宿州	负债	池州	负债

根据表 4-4 所列，绘制了安徽省各区域经济规模、经济结构、经

济效益和经济成长性的资产负债图（图 4 - 6）。在经济规模一栏中，皖江城市带中 6 个地区经济规模属于资产，从图 4 - 6 中看到，在经济规模上该区域中 75％的地区处于优势，25％的地区处于劣势；皖北六市中，只有蚌埠和阜阳的经济规模属于资产，其余 4 市均处于负债状态，皖北地区的整体经济规模属于负债居多，达到了 66.67％，资产只有 33.33％；其他地区中，六安和黄山的经济规模均处于负债状态。在经济结构一栏中，皖江城市带中处于资产的地区占全部地区的 62.5％；皖北地区经济结构方面仍是负债多于资产，除了蚌埠和淮北优势明显外，一半以上的地区经济结构仍处于劣势地位；其他地区中，黄山处于资产状态，六安的经济结构处于劣势。在经济效益一栏中，皖江城市带中占该区域 25％的地区的经济效益处于劣势地位；皖北六市中蚌埠为该地区的优势资产，其他五个地市在经济效益上均处于负债状态；其他地区中黄山的经济效益为资产状态。在经济成长性一栏中，皖北地区的经济成长能力仍然稳定在前列，阜阳、亳州、宿州和蚌埠的经济成长能力均为资产状态；皖江城市带中的滁州和马鞍山经济成长能力为资产状态，其他地区中六安的经济成长性为资产状态。

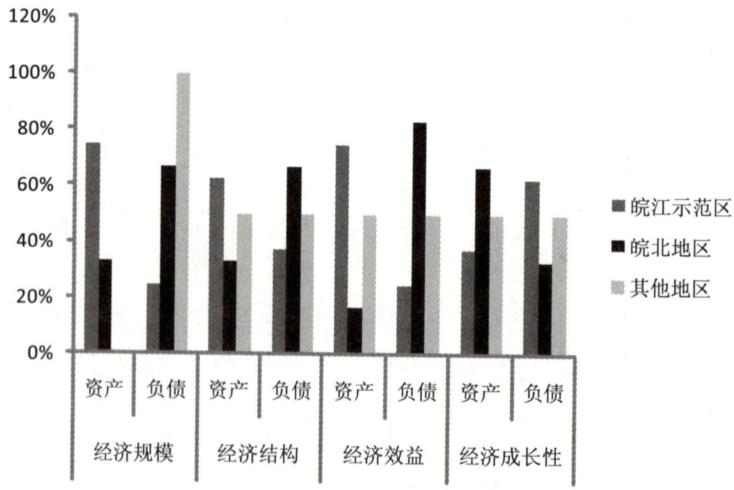

图 4 - 6　2017 年安徽省各区域经济资产负债情况

综合表 4 - 4 和图 4 - 6 的信息，皖江城市带主要城市经济发展各项指标优势明显，如合肥、芜湖、马鞍山各项经济指标均处于优势地位，铜陵多数经济指标也位居安徽省前列，但该区域同时也存在一些问题，经济成长性的落后，表明发展的后劲不足。皖江城市带中8个地市间的经济差距在拉大。比如合肥、芜湖、马鞍山经济始终保持高位运行，而池州在绝大多数经济指标上都表现不理想。

皖北六市特别是蚌埠和阜阳从2013年开始异军突起，各项经济指标均有较大突破，尤其是持续增强的经济成长性使该区域扭转了经济发展的劣势地位，缩小了差距。蚌埠和阜阳继续保持了经济规模上的优势，并且蚌埠在所有指标中均保持资产状态，发展势头良好。皖北地区以落实省五大发展行动计划为动力，保持又好又快的发展势头，经济总量增速自2012年首超全省后，2017年再次实现赶超，主要经济指标增幅高于全省。全年皖北六市生产总值为7850.2亿元，同比增长8.6%，增幅比全省高0.1个百分点，比上年同期高0.4个百分点。亳州、宿州、蚌埠、阜阳分别增长9.2%、9.1%、9.1%、9%，增速稳居全省前四位。工业生产增速加快。六市规模以上工业增加值增长9.5%，增幅高于全省0.5个百分点。六市战略性新兴产业产值增长22.2%，高于全省0.8个百分点。完成固定资产投资8092.9亿元，增长15.4%，高于全省4.4个百分点。社会消费品零售总额3588.1亿元，增长12.1%，增幅比全省高0.2个百分点。财政金融较快增长。六市财政收入1148.8亿元，增长13.9%，高于全省2.8个百分点。同时，皖北地区招商引资势头良好，六市亿元以上在建省外投资项目1716个，总投资8063.9亿元，实际到位资金3383.3亿元，同比增长16.3%，占全省30.9%。重大项目进展顺利，2017年皖北六市新开工亿元以上项目993个，比上年增加190个。2866个省重点项目完成投资4331亿元，完成计划投资的141.3%。蚌埠年产100万套消防电子和逆变器、亳州谯郡堂中药饮片等重大项目竣工投产。

（二）基于二级指标的资产负债表

为了更加细致地比较各地区36个二级指标的相对优势与劣势，下面仍参照瑞士洛桑国际管理学院的处理方法，把每一地区36个二级指标排名中相对居前的6个指标作为该地区的资产，将排名相对落后的6个指标作为该地区的负债，为了避免个别优势地区或者个别劣势地区指标过于集中在资产或者负债栏，这里将对应于经济规模、经济结构、经济效益和经济成长性各选取 6 个典型指标，其典型意义基于两方面考虑：其一，从 16 个地市间的横向比较看某项指标是作为资产抑或负债；其二，从本地市自身其他指标排名看该指标是作为资产抑或负债。下面编制了 2017 年安徽省各地区经济发展二级指标资产负债表（表 4 - 5）。

从表 4 - 5 可知，尽管从一级指标的资产负债分析来看，皖江城市带中的合肥、芜湖、马鞍山这些主要城市在经济规模、经济结构、经济效益等方面均较具有发展的优势，从二级指标的资产负债分析来看，芜湖、马鞍山经济结构要优于合肥；皖北地区为扭转经济规模偏小的局面，这几年经济成长性显著增强，蚌埠、阜阳经济结构的调整也获得了显著成效。同理，从表 4 - 5 中也可以直观看出其他各地市经济发展的相对优势与劣势。

表 4 - 5 2017 年安徽省各地区经济发展二级指标资产负债情况

地　区	资　产	负　债
合肥市	GDP、战略性新兴产业产值、十二月末金融机构贷款余额、战略性新兴产业产值占 GDP 比重、人均社会消费品零售总额、GDP 增长速度	规模以上工业增加值占 GDP 比重、固定资产投资总额占 GDP 比重、进出口总额占 GDP 比重、战略性新兴产业产值增长速度、固定资产投资增长速度、农村常住居民可支配收入增长速度
淮北市	规模以上工业增加值占 GDP 比重、第二产业增加值占 GDP 比重、固定资产投资占 GDP 比重、战略性新兴产业产值占 GDP 比重、财政收入增长速度	第三产业增加值、十二月末金融机构贷款余额、进出口总额、GDP 增长速度、规模以上工业增加值增长速度、固定资产投资增长速度
亳州市	第三产业增加值占 GDP 比重、进出口总额占 GDP 比重、第二产业增加值增速、规模以上工业增加值增长速度、财政收入增长速度、十二月末金融机构贷款余额增长速度	第二产业增加值占 GDP 比重、规模以上工业增加值占 GDP 比重、固定资产投资额占 GDP 比重、战略性新兴产业产值占 GDP 比重、人均 GDP、人均财政支出

（续表）

地　区	资　产	负　债
宿州市	第三产业增加值、战略性新兴产业产值增长速度、规模以上工业增加值增长速度、财政收入同比增速、十二月末金融机构贷款余额增长速度、进出口总额增长速度	战略性新兴产业产值、战略性新兴产业产值占GDP比重、人均GDP、人均财政收入、人均社会商品零售额、财政收入占GDP比重
蚌埠市	战略性新兴产业产值占GDP比重、固定资产投资额占GDP比重、财政收入占GDP比重、第三产业增加值增长速度、财政收入、社会消费品零售总额增长速度	工业用电量、第二产业增加值占GDP比重、战略性新兴产业产值增长速度、进出口总额增长速度、财政收入增长速度、十二月末金融机构贷款余额增速
阜阳市	社会消费品零售总额、财政收入、第三产业增加值增长速度、固定资产投资增长速度、十二月末金融机构贷款余额增长速度、社会消费品零售总额增长速度	第二产业增加值占GDP比重、战略性新兴产业产值占GDP比重、固定资产投资额占GDP比重、人均GDP、人均财政收入、人均社会商品零售额
淮南市	社会商品零售额、第二产业增加值占GDP比重、进出口总额占GDP比重、城镇常住居民人均可支配收入、农村常住居民人均可支配收入增长速度、社会消费品零售总额增速	战略性新兴产业产值、进出口总额、战略性新兴产业占GDP比重、固定资产总额占GDP比重、GDP增长速度、战略性新兴产业增长速度
滁州市	规模以上工业增加值占GDP比重、GDP同比增速、第二产业增加值增速、规模以上工业增加值增速、战略性新兴产业增速、财政收入增速	三产增加值占GDP比重、人均GDP、进出口总额占GDP比重、人均社会商品零售额、城镇常住居民人均可支配收入、农村常住居民人均可支配收入
六安市	社会消费品零售总额、十二月末金融机构贷款余额、进出口总额占GDP比重、十二月末金融机构贷款余额增速、财政收入增速、进出口总额增速、工业用电量增速	固定资产投资总额占GDP比重、、人均GDP、财政收入占GDP比重、第三产业增加值增速、社会消费品零售总额增速、GDP

（续表）

地　区	资　产	负　债
马鞍山市	第二产业增加值、进出口总额、第二产业增加值占 GDP 比重、固定资产投资额占 GDP 比重、人均 GDP、人均财政收入	财政收入占 GDP 比重、规上工业增加值增速、固定资产投资总额增速、十二月末金融机构贷款余额增速、工业用电量增速、城镇常住居民可支配收入增速
芜湖市	GDP、第二产业增加值、规模以上工业增加值、战略性新兴产业产值、社会消费品零售总额、进出口总额	第三产业增加值占 GDP 比重、进出口总额占 GDP 比重、第二产业增加值增速、十二月末金融机构贷款余额同比增速、战略性新兴产业同比增速、进出口总额同比增速
宣城市	固定资产投资总额、战略性新兴产业产值占 GDP 比重、固定资产投资额占 GDP 比重、财政收入占 GDP 比重、十二月末金融机构贷款余额增速、固定资产投资增速	第二产业增加值、规模以上工业增加值、财政收入增速、社会消费品零售总额增速、进出口总额增速、工业用电量增速
铜陵市	第二产业增加值占 GDP 比重、战略性新兴产业占 GDP 比重、固定资产投资额占 GDP 比重、人均 GDP、人均财政收入、城镇常住居民人均可支配收入	第三产业增加值、社会消费品零售总额、财政收入、第三产业增加值占 GDP 比重、财政收入增速、规上工业增加值增速
池州市	第三产业增加值占 GDP 比重、人均 GDP、固定资产投资占 GDP 比重、农村常住居民人均可支配收入、社会消费品零售总额增速、进出口总额增速	GDP、第二产业增加值、战略性新兴产业产值、社会消费品零售总额、十二月末金融机构贷款余额、十二月末金融机构贷款余额增速
安庆市	GDP、第二产业增加值、第三产业增加值、规模以上工业增加值、财政收入、规模以上工业增加值增速	GDP 同比增速、第三产业增加值增速、战略性新兴产业产值增速、财政收入增速、进出口总额增速、人均社会消费品零售额
黄山市	第三产业增加值占 GDP 比重、人均 GDP、人均财政收入、城镇常住居民人均可支配收入、人均社会商品零售额、财政收入占 GDP 比重	GDP、第二产业增加值、规模以上工业增加值、财政收入、规模以上工业增加值占 GDP 比重、固定资产投资总额同比增速

第四节 近五年安徽各地市经济发展水平综合比较

为了说明各地市在安徽经济发展中的地位，我们对近五年（2013—2017 年）安徽各地区的经济发展状况也进行了排名，通过比较“十三五”初期与“十二五”中后期各地市经济发展排名的变化，了解安徽区域经济发展的走势。

首先给出 2013—2017 年安徽省各地市经济发展水平组合评价得分及排名，见表 4－6 所列。

表 4－6 2013—2017 年安徽省各地市经济发展水平组合评价得分及排名

地区	“十二五”中后期						“十三五”初期			
	2015 年		2014 年		2013 年		2017 年		2016 年	
	评价得分	名次	评价得分	名次	评价得分	名次	评价得分	名次	评价得分	名次
合肥市	16.00	1.00	16.00	1.00	16.00	1.00	16.00	1.00	16.00	1.00
淮北市	3.67	13.00	6.33	10.00	1.67	15.00	3.00	14.00	1.33	16.00
亳州市	9.33	7.00	2.67	15.00	3.67	14.00	7.00	9.00	7.00	10.00
宿州市	7.67	10.00	4.67	12.00	4.67	12.00	5.00	13.00	4.67	12.00
蚌埠市	13.67	3.00	13.67	3.00	11.67	5.00	13.00	4.00	12.67	4.00
阜阳市	11.00	6.00	8.33	9.00	6.67	10.00	11.67	5.00	10.00	7.00
淮南市	1.00	16.00	1.00	16.00	5.67	11.00	2.00	15.00	2.00	15.00
滁州市	12.00	5.00	9.33	8.00	9.00	8.00	11.33	6.00	12.33	5.00
六安市	3.67	14.00	3.33	14.00	1.33	16.00	7.00	9.00	3.67	14.00
马鞍山市	9.00	8.00	10.00	7.00	11.33	6.00	13.67	3.00	14.00	3.00
芜湖市	15.00	2.00	15.00	2.00	14.67	2.00	15.00	2.00	15.00	2.00
宣城市	7.67	9.00	10.33	6.00	13.00	4.00	9.67	7.00	9.33	8.00
铜陵市	13.33	4.00	13.33	4.00	14.33	3.00	9.00	8.00	10.67	6.00
池州市	5.67	11.00	6.33	11.00	8.00	9.00	1.00	16.00	5.67	11.00
安庆市	5.33	12.00	12.00	5.00	9.67	7.00	6.00	11.00	7.33	9.00
黄山市	2.00	15.00	3.67	13.00	4.67	13.00	5.67	12.00	4.33	13.00

为了直观反映表 4-6 中的信息，分别绘制各年度的条形图和雷达图，以便对安徽省各地区经济发展水平进行分析，如图 4-7 和图 4-8 所示。

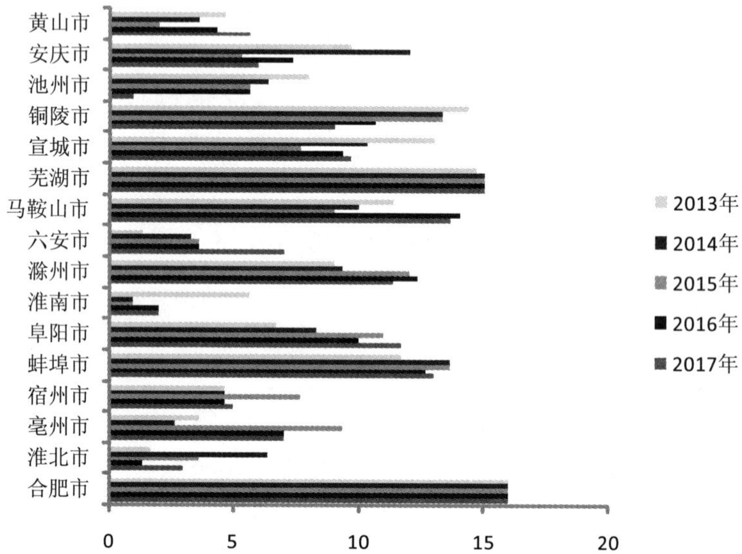

图 4-7　2013—2017 年安徽省各地区经济发展水平综合得分条形图

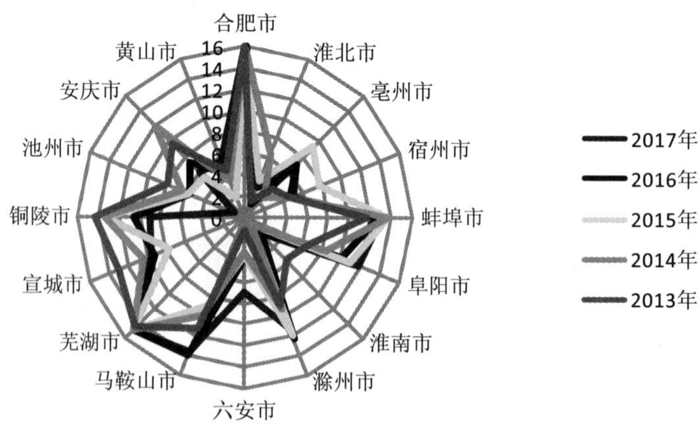

图 4-8　2013—2017 年安徽省各地区经济发展水平综合得分雷达图

条形图（图 4-7）中的信息显示，16 个地市 2016 年排名前三强的地区均是来自皖江城市带，其中合肥、芜湖历年来一直保持领先地位，保持了与“十二五”时期一样的格局；由于较强的经济成长性以及这两年来在经济结构上的优化带来的经济效益的提升，蚌埠在皖北乃至全省经济发展中的优势地位再次凸显，近五年一直位于全省前列。“十二五”时期是省会合肥高速发展的时期，自 2011 年 8 月 22 日，原地级巢湖市的居巢区、庐江县并入后，合肥的地理格局、经济布局、资源禀赋获得了战略性的提升，城市地位在全国日显突出。“十三五”初期，合肥经济圈正在向合肥都市圈战略升级，努力成为全省核心增长极乃至全国有重要影响力的区域增长极。践行五大发展理念。过去的 2017 年，合肥外向型经济实现跨越式发展。2017 年合肥市进出口总值 1689.1 亿元，比上年增长 36.9%，首次突破 1500 亿元大关，外贸增速分别快于全国、全省 22.7 个、13.2 个百分点，外贸值占全省 46.5%，比上年提高 4.5 个百分点，外贸值在全国 556 个地市（区）中排名第 39 位，提高 14 位。合肥外贸进出口发展迅速，主要得益于四大国家级园区的“给力”表现。2017 年四大国家级园区（含 2 个海关特殊监管区）进出口 811.7 亿元，增长 38.1%，占全省国家级园区的 64.5%，占全市外贸近五成，高出全省 13.2 个百分点，支撑作用明显。特别是两个海关特殊监管区，均保持高速增长，成为合肥外贸进出口的稳定基石。其中，合肥综合保税区进出口 42 亿元，增长 14.3 倍；合肥出口加工区进出口 310.9 亿元，增长 31.5%。2 个海关特殊监管区合计增长 47.6%，占全市外贸比重 20.9%，高于全省 9.5 个百分点。

与此同时，芜湖经济发展质效提升，主要经济指标增幅高于全国和全省。同时，经济发展的同时，结构不断优化。特别是新动能对经济增长贡献进一步提升，一方面，服务业对经济增长的贡献率持续上升，2017 年芜湖市第三产业增速比第二产业快 1.1 个百分点，对 GDP 增长贡献率达 42%；2017 年 1—11 月份，全市五大重点现代服务业企业实现营业收入 607.53 亿元，增长 13.4%，其中，现代物流、文化创意和旅游产业营业收入分别增长 10.5%、27.9%和 18.1%。另一方面，战略性新兴产业对工业增长贡献率持续提升。2017 年芜湖市战略性新兴产业增速比规模以上工业快 6.0 个百分点，对规模以上工业增长贡献率达 42.6%，比上年提高 3.8 个百分点。同时地处皖江城市带的马鞍山发展水平走入全省前三甲方阵，经济地位从“十二五”中后期的第四位上升到“十三五”初期的第三位，并在 2017 年继续保持。

自“十二五”时期开始，受益于战略性新兴产业的发展，皖北的蚌埠和阜阳在全省的经济地位快速上升，并逐渐成为皖北崛起的两大中心。2017 年，蚌埠市实现进出口 17.71 亿美元，总量居全省第 6 位，同比增长 0.53%，增速居全省第 13 位，较 2016 年同期前移一个位次；其中进口额 8.32 亿美元，同比增长 45.74%。蚌埠市对外贸易总额的提升得益于多方面的发展。首先，口岸经济作用凸显，蚌埠（皖北）铁路无水港、蚌埠（皖北）保税物流中心等平台有力推动进出口发展，2017 年，蚌埠口岸进出口货量累计 96.54 万吨，进出口标准集装箱 9102TEU；蚌埠（皖北）保税中心报关总额 4.34 亿美元，实现翻番。其次，经贸展会积蓄后劲，相关部门组织各进出口企业参加中博会、厦洽会、广交会等经贸展销活动，引进外向型企业同时，引导本地企业拓展市场。2017 年，阜阳市上下深入贯彻落实新发展理念，坚持稳中求进工作总基调，以五大发展理念为引领，紧紧围绕市委市政府“双轮驱动”战略，扎实推进“五大专项行动”，着力培植新经济和新动力，全市经济发展潜力和活力凸显，多项指标增速稳居全省前列，持续快于全国、全省平均水平。2017 年阜阳生产总值 1571.1 亿元，按可比价格计算，比上年同期增长 9.0%。其中，第一产业增加值 310.7 亿元，增长 4.1%；第二产业增加值 637.3 亿元，增长 9.8%；第三产业增加值 623.1 亿元，增长 10.8%。

雷达图（图 4-8）中的安徽各地市经济发展状况显示，合肥、芜湖近五年一直领跑安徽经济，区域内部各地市间的经济发展差距显现。皖江示范区的马鞍山、滁州经济地位提升，铜陵、宣城经济增速放缓，池州和安庆落后；皖北地区蚌埠、阜阳经济地位显著提升，但阜阳的经济增速放缓，蚌埠经济在战略性新兴产业的带动下，经济规模持续扩大、经济结构显著改善、经济效益明显提升；伴随着蚌埠和阜阳的经济地位快速上升，亳州和宿州工业转型效益显现；黄山、六安经济优势不甚显著；淮南、淮北的经济发展仍旧属于落后状态。结合雷达图（图 4 - 8），我们将安徽各地区经济发展水平综合分类，见表 4 - 7 所列。

表 4 - 7　安徽各地区经济发展水平综合分类

分　类	“十二五”中后期	“十三五”初期	经济发展状况
	地区	地区	
第一类	合肥、芜湖、蚌埠、铜陵	合肥、芜湖、马鞍山、蚌埠	经济发展优势突出
第二类	滁州、阜阳、亳州	阜阳、滁州、宣城、铜陵	经济优势比较明显
第三类	马鞍山、宣城、宿州	六安、亳州、安庆、黄山	经济发展水平中等
第四类	池州、安庆、淮北、六安、黄山、淮南	宿州、淮北、淮南、池州	经济发展水平较低

综合以上研究结果可以发现，“十三五”开局时期，皖北地区抓住发展战略性新兴产业的有利时机，加快产业转型，已经出现明显的赶超局面，从 2013—2017 年的雷达图看（图 4 - 8），皖北的蚌埠、阜阳经济发展状况均出现不同程度的提升，蚌埠已跃居第一梯队，阜阳也提升到第二梯队。而皖江城市带的马鞍山，在“十三五”开局年抓住机遇，加速发展，上升至第一梯队，为安徽省地区多元化的经济发展发挥示范带头作用。

第五章　安徽战略性新兴产业竞争力评价

2010 年 10 月 10 日，国务院颁布的《国务院关于加快培育和发展战略性新兴产业的决定》，提出加快培育和发展战略性新兴产业，并决定增加投资，实现技术突破，结合市场的基础作用与政府引导和促进的作用，加快科技成果的转化。加快产业、教育、科研相结合，发展战略性新兴产业，进入中国主导产业。

近年来，我国战略性新兴产业的发展取得了很大进展，部分地区取得了相当大的国际竞争力，甚至走在世界前列。在信息技术产业中，中国的云计算正在发展，集成电路产业也在下滑。在生物产业领域，随着我国农业生物技术产品应用规模的不断扩大，生物农业产业的发展速度加快，取得了良好的社会效益和经济效益。在新材料产业领域，随着自主技术的发展和创新体系的构建，我国新材料产业的发展迅速推进，以提高新材料的性能为重点。正是在这样的发展大势下，安徽省紧抓机遇，着力发展战略性新兴产业发展。本部分从产业规模、产业政策、产业布局、产业结构和国际贸易五个维度反映了安徽战略性新兴产业的发展情况。

第一节　安徽战略性新兴产业发展的基本情况

一、战略性新兴产业的子行业涵盖

安徽省在《“十二五”国家战略性新兴产业发展规划》的指引下，确定了本地区重点发展节能环保、信息技术产业、生物产业、新能源汽车、新能源产业、高端制造装备、新材料产业、公共安全等八大产业。

节能环保产业主要包括循环经济、资源节约和环境保护等领域的基本设备和技术。在这一领域，开发了资源综合利用、节能产业和环境保护产业。

信息技术产业是指智能转换的原始信息网络、基础设施和服务的开发和利用信息技术和设备，主要包括互联网、移动支付、软件产业和网络行业，等等。目前，中国的新一代信息技术产业重点发展新一代通信网络、三家网络融合、新的平板显示器、物联网、高性能集成电路和高端软件以及云计算。

生物产业主要包括生物学的内容和功能方面的研究，最终以产品的形式为社会提供物质支持，其发展是以先进的生物技术和其他先进的科学技术为基础的。目前，生物产业的发展主要集中在医药制造、现代中药、生物农药和生物育种等相关产业。

新能源汽车主要是指除传统柴油和汽油以外的各种燃料使用车辆，目前主要包括太阳能汽车、混合动力汽车和电动汽车。与传统汽车相比，新能源汽车的空气污染较低，能耗较低，应大力推广。新能源汽车产业的发展主要集中在新能源汽车制造、锂电池制造等方面。

新能源产业指的是不同于传统的、常规能源如煤炭、石油等化石能源的各种能源，包括风能、水力发电、太阳能、生物质能、地热能等可再生能源以及核能、氢等非化石能源；它还包括清洁能源和绿色能源，从传统化石燃料进行技术变革。其共同特点是资源丰富、可再生、无污染或污染少。目前，新能源产业主要包括太阳能产业、风能产业和生物质能产业。新能源产业的重点是太阳能光伏设备、太阳能利用、核能、风能、生物质能和智能电网。

高端装备制造业是指技术上处于高端、处于产业链核心地位的先进制造领域。其主要特点是高附加值、高技术、高资本密集型，高端装备制造业的发展水平代表着一个国家的整体竞争力。高端装备制造业的重点发展领域包括轨道交通设备制造、航空航天制造、海洋工程和智能设备制造。

新材料产业主要包括新发明和新发现，具有不同于传统材料的特殊特征，或在原有材料基础上通过一定的加工方法，通过向新材料转变来提高其性能。目前，我国新材料产业的重点是发展纳米材料、超导材料和电子信息材料。

二、产值总量及增长情况

通过图 5-1 可以看出近十年（2008—2017 年）我省战略性新兴产业产值分别为 1772.7 亿元、1820 亿元、2504 亿元、4132.1 亿元、5094.1 亿元、6865.4 亿元、8378.9 亿元、8921 亿元、10161.3 亿元，12235.8 亿元，2009—2017 年期间的同比增速分别为 2.7%、37.6%、65%、23.3%、34.8%、22%、6.5%、13.9% 和 21.4%，可看出 2010—2014 年的增长度率均超过了 20%，虽然近三年的增长率低于前几年，但增长率的速度显著增加，几乎呈直线增长，其中 2017 年的增长率比上年增长了 7.5 个百分点，安徽省战略性新兴产业发展势头强劲。

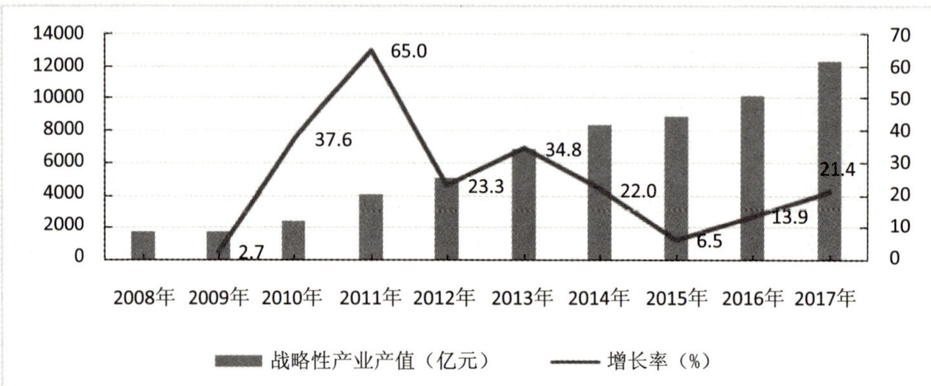

图 5-1　2008—2017 年安徽省战略性新兴产业的产值与年增长率

分季度看，2017 年季度同比增速均高于 20%，一季度增速为 24.1%；上半年增速为 24.6%，比一季度提高了 0.5 个百分点；前三季度增速为 25.1%，比上半年提高了 0.5 个百分点，如图 5-2 所示。

图 5-3 为安徽省战略性新兴产业月度数据和月度同比增长率，从月度数据可以看出 2017 年的安徽省战略性新兴产业产值基本处于稳定状态，1—2 月份战略性新兴产业产值同比增长速度为 21.9%，比 2016 年增长 28.2 个百分点；3 月份的战略性新兴产业产值同比增速有所加快，增速为 27.4%，比 1—2 月份提高了 5.5 个百分点；4 月份战略性新兴产业产值的同比增速有所回落，为 24.5%，降低了 2.9 个百

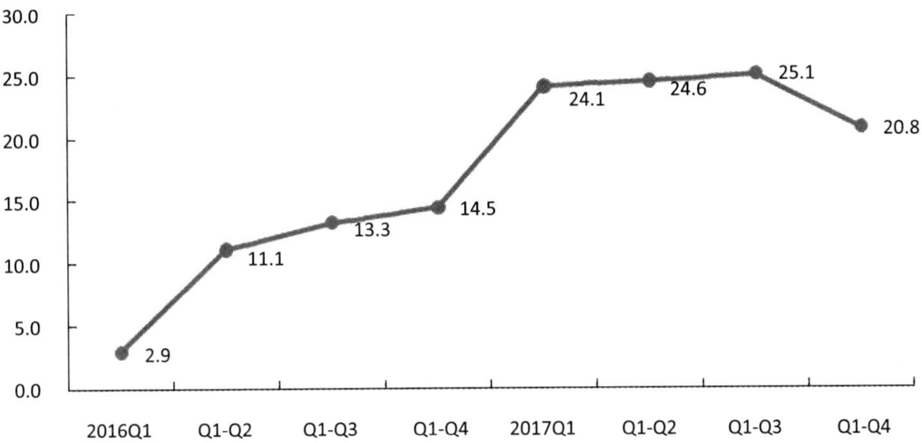

图 5-2　安徽省战略性新兴产业产值季度同比增长率

分点；5 月份战略新兴产值的同比增速又有所回升，为 26.8%，比 4 月份增加了 2.3 个百分点；6、7 月份的战略性新兴产业产值的增速相对于上月有所回落，分别为 23.6%、24.4%；8、9 月份增速有所回升，分别为 26.1%、27.7%，相比上个月分别提高了 1.7 和 1.6 个百分点；10、11、12 月份的战略性新兴产业产值同比增速有大幅度回落，分别为 20.8%、17.1%、-3.7%。

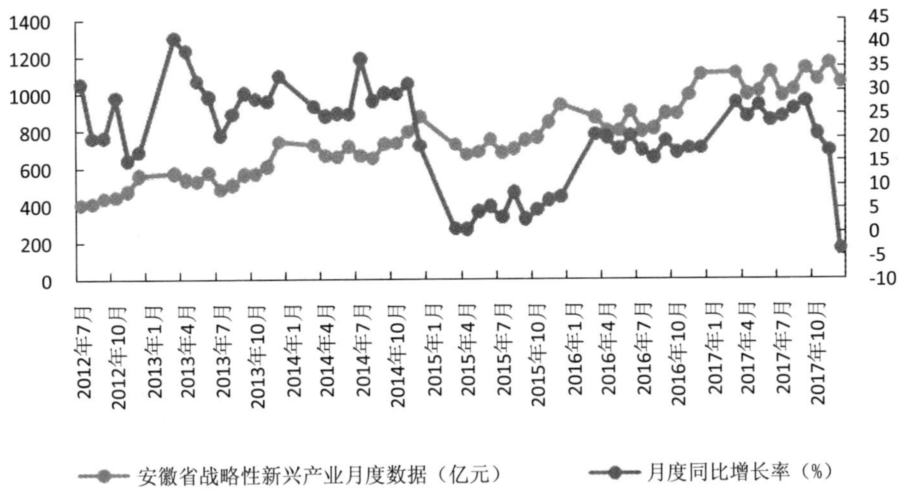

图 5-3　安徽省战略性新兴产业月度数据和月度同比增长率

三、各产业发展情况

（一）节能环保产业

节能环保作为战略性新兴产业的重要子行业，安徽企业多有突出表现。其中，国械环保公司关于城市污水和工业污水的处理技术被列入国家重大专项，在污水处理方面已形成全寿命周期的完整产业链；美国环境技术公司在安徽设立的全资子公司义尼科环保技术公司在国内环保装备制造方面处于领先地位。

自 2008 年以来，节能环保产业在政策的带动之下，延续了良好的发展势头。安徽省节能环保产业从 2011 年总产值为 229.4 亿元增长至 2016 年的 1560.2 亿元，其中 2011—2013 年安徽省节能环保产业同比增速分别为 50.9%、42%、59.8%，平均增速大约为 50%；2014 年增速有所下降，为 16.3%，比上年降低了 43.5 个百分点；2015 年安徽省节能环保产业增速有很大的回升，为 168.2%，比上年提高了 151.9 个百分点；2016 年安徽省节能环保产业增速又有所回落，增速为－3.9%。预计 2017 年安徽省节能环保产业会有所回升（图 5－4）。

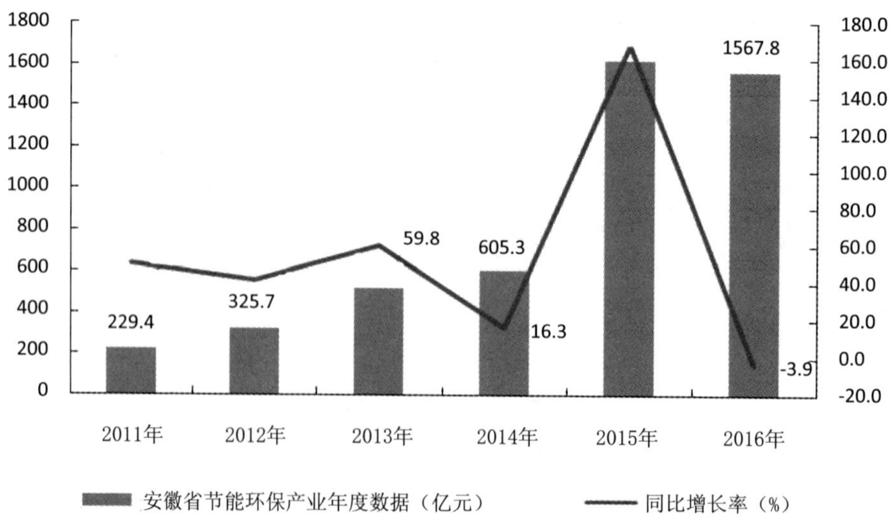

图 5－4　安徽省节能环保产业年度数据及同比增长率

从月度数据看，2017 年 3—9 月份安徽省节能环保产业产值及同比增速均有所下降。2017 年 3、4、5 月份同比增速几乎一致，分别为 32.0%、32.8%、33.0%；6 月份安徽省节能环保产业增速有所下降，为 26.2%，比上个月下降了 6.8 个百分点；7 月份安徽省节能环保产业增速有回升，为 30.4%，比上个月上升了 3.2 个百分点；8、9 月份安徽省节能环保产业增速连续降低，分别为 25.7%、20.0%，比上个月分别降低了 4.7 个百分点和 5.7 个百分点（图 5－5）。

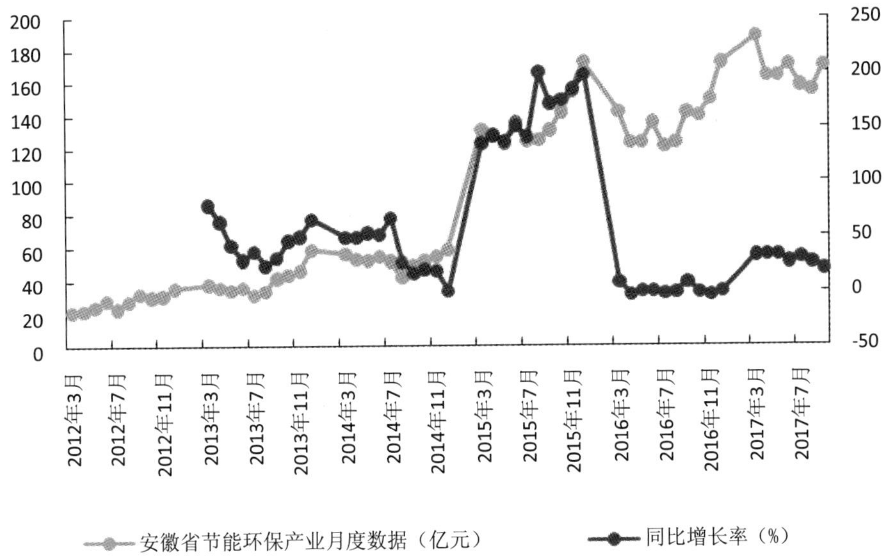

图 5－5　安徽省节能环保产业月度数据及同比增长率

（二）新材料产业

近年来，安徽省新材料产业的发展潜力不断发掘，专业化程度不断提高，行业企业发展势头良好。其中，安徽凤形耐磨材料股份有限公司是亚洲最大的耐磨钢段生产基地，拥有世界最先进的工艺装备和最完备的检测手段；中科院理化技术研究所旗下的中科铜都粉体新材料股份有限公司是国内首家能生产系列银粉的企业。

从年度数据上看，2010—2016 年安徽省新材料产业总产值不断增加，从 2010 年的 571.9 亿元增长到了 2340.6 亿元。2011 年安徽省新材料产业同比增速为 55.6%；2012 年增速有大幅度下降，为 14.3%，降低了 41.3 个百分点；2013 年的安徽省新材料产业增速有所回升，为 38.1%，比上年增加了 13.8 个百分点；而 2014—2016 年的增速连续下降，分别为 22.8%、19.7%、13.4%（图 5-6）。

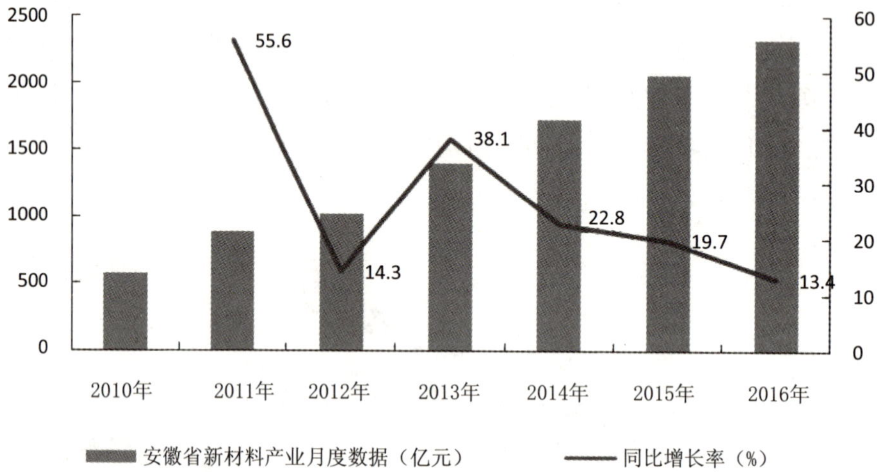

图 5-6 安徽省新材料产业年度数据及同比增长率

从月度数据看，2017 年 3—9 月份的安徽省新材料产业月度产值及同比增速波动较小，总体呈现上升趋势。3 月份安徽省新材料产业同比增速为 27.7%；4 月份增速稍微降低，为 24.8%；5 月份安徽省新材料产业增速有所回升，为 28.8%，提高了 4 个百分点；6 月份增速又稍微降低，为 25.2%，降低了 3.6 个百分点；7、8 月份安徽省新材料产业增速相当，分别为 27.1%、26.3%；9 月份安徽省新材料产业增速又大幅度提高，为 37.2%，比上个月提高了 10.9 个百分点（图 5-7）。

（三）新能源产业

近年来，安徽新能源产业发展迅速。从 2010 年至 2016 年，安徽省新能源产业从 90.6 亿元增长到 776.5 亿元。其中 2011 年安徽省新能源产业增速为 220.2%；2012 年增速为 7.4%；2013 年安徽省新能源产业增速约是上年的两倍，为 14.1%；2014 年安徽省新能源产业增速有大幅度提高，为 35.9%；2015 年增速有所回落，为 32.8%，比上年降低了 3.1 个百分点；2016 年安徽省新能源产业增速快速下降，为 21.1%，比上年降低了 11.7 个百分点（图 5-8）。

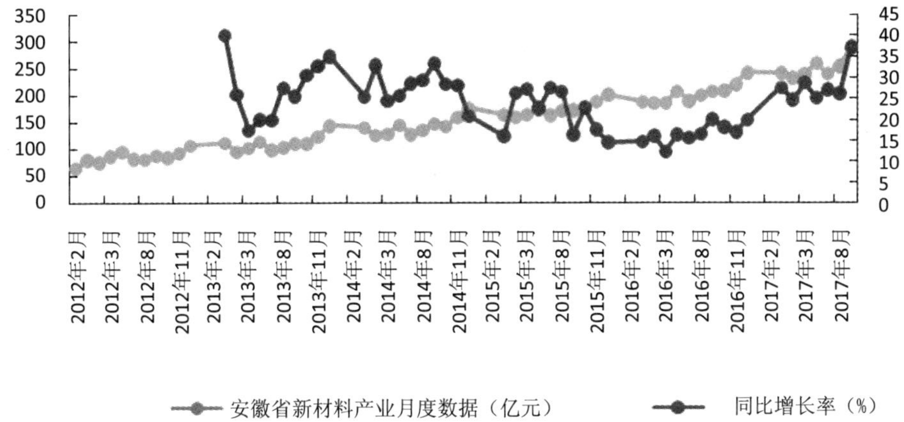

图 5-7　安徽省新材料产业月度数据及同比增长率

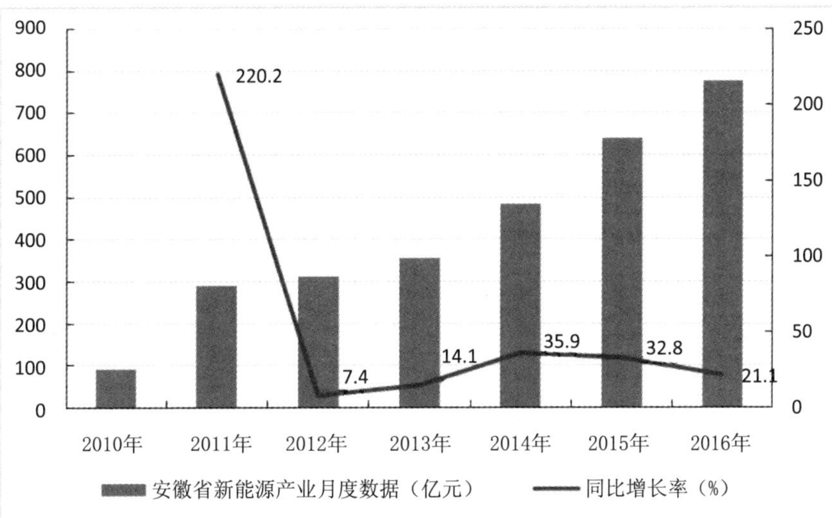

图 5-8　安徽省新能源产业年度数据及同比增长率

从月度数据看，2017 年 3—9 月份安徽省新能源产业产值整体呈下降趋势，但同比增速呈上升趋势。2017 年 3 月，安徽省新能源产业产值为 89.6 亿元，同比增速为 14.4%；4、5、6 月份同比增速有所上升，分别为 20.0%、22.0%、33.2%；7 月份安徽省新能源产业同比增速有所下降，为 27.1%，比上个月降低了 6.1 个百分点；8、9 月份安徽省新能源产业同比增速大约一致，分别为 45.5%、45.1%，分别比 7 月份提高了 18.4 个百分点和 18 个百分点。2017 年 9 月份安徽省新能源产业产值为 83.7 亿元（图 5－9）。

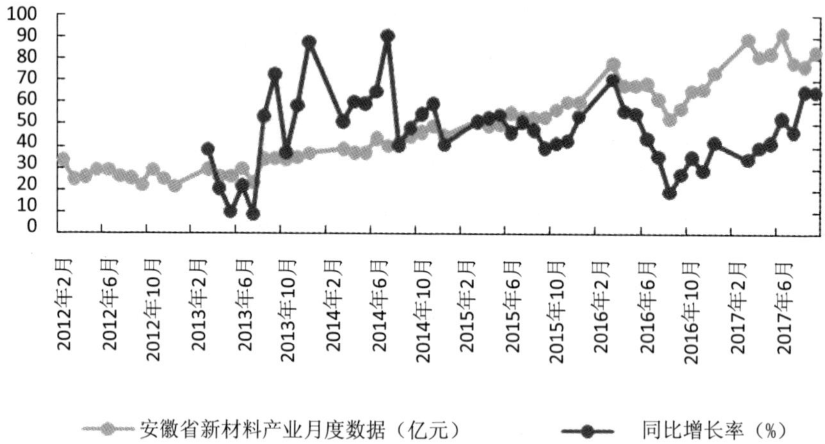

图 5－9 安徽省新能源材料产业月度数据及同比增长率

（四）新能源汽车产业

政府的政策支持和财政投入与为新能源汽车产业的持续发展打下了坚实的基础。图 5－10 为 2010—2016 年安徽省新能源汽车产业年度数据，可以看出 2010—2016 年安徽省新能源汽车产业产值不断增加，2011 年安徽省新能源汽车产业产值为 5.2 亿元；2012 年增加至 17.2 亿元，增速为 230.8％；2013、2014 年安徽省新能源汽车产业增速连续下降，分别为 97.7％、40.9％，产值分别为 34 亿元、47.9 亿元；2015 年安徽省新能源汽车产业增速大幅度上升，为 669.5％，产值为 368.6 亿元；2016 年增速快速下降，为 39.3％，产值为 513.6 亿元（图 5－10）。

从月度数据看，2017 年 3—9 月份安徽省新能源汽车产业产值波动较小。3 月份的安徽省新能源汽车产业产值为 60.5 亿元，同比增速为 43.7％；4 月份增速有所降低，为 32.8％，比上个月降低了 10.9 个百分点；5 月份安徽省新能源汽车产业增速有所回升，为 50.1％，比上个月提高了 17.3 个百分点；6、7 月份增速连续下降，分别为 38.0％、36.8％；8 月份安徽省新能源汽车产业增速又开始回升，为 39.8％，比

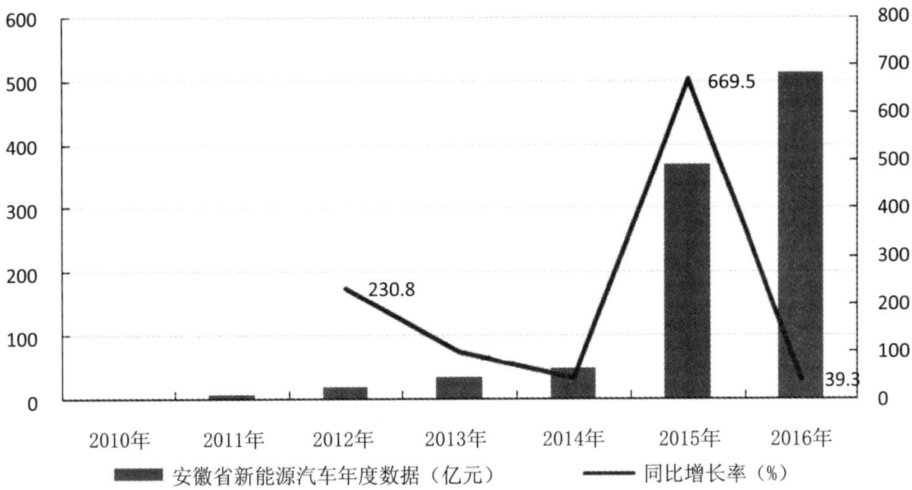

图 5－10　安徽省新能源汽车年度数据及同比增长率

上个月增长了 3 个百分点；9 月份增速稍微下降，为 37.7%，比上个月降低了 3.1 个百分点，产值为 62.6 亿元（图 5－11）。

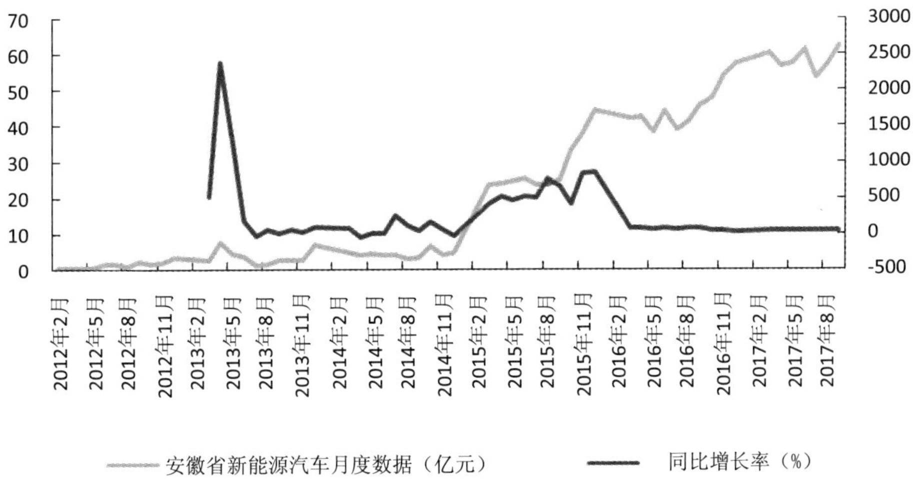

图 5－11　安徽省新能源汽车月度数据及同比增长率

（五）生物产业

2010—2016 年的安徽省生物产业保持较快增长，效益较好。2010 年安徽省生物产业产值为 433.4 亿元，2011 年同比增速为 36.5%；

2012 年增速有所下降，为 17.6%，比上年降低了 18.9 个百分点；2013 年安徽省生物产业增速有所回升，为 21.0%，比上年增长了 3.4 个百分点；2014、2015 年增速连续下降，分别为 12.1%、6.2%；2016 年安徽省生物产业增速有所提高，为 14%，产值为 1142.3 亿元（图 5－12）。

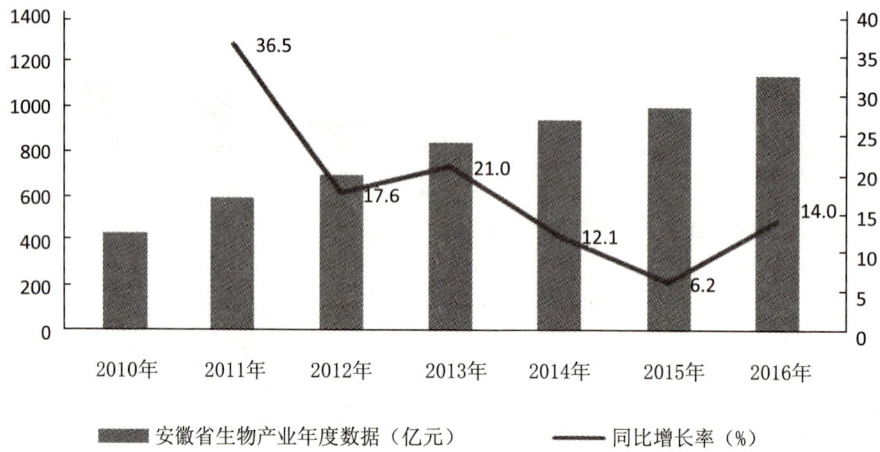

图 5－12　安徽省生物产业年度数据及同比增长率

从月度数据看，2017 年 3—9 月份安徽省生物产业整体呈现下降趋势。3 月份安徽省生物产业增速为 14.4%，产值为 89.6 亿元；4、5、6 月份增速均有所上升，分别为 20.0%、22.0%、33.2%；7 月份安徽省生物产业增速有所下降，为 27.1%，比上个月降低了 6.1 个百分点；8 月份增速又大幅度提高，为 45.5%，比上个月提高了 18.4 个百分点；9 月份安徽省生物产业增速有所回落，为 45.1%，产值为 83.7 亿元（图 5－13）。

（六）新一代信息技术产业

安徽省新一代信息技术产业在政策扶持下，步入快速发展阶段，产业规模不断扩大。2016 年安徽省新一代信息技术产业总产值达到 2613.2 亿元。2011 年安徽省新一代信息技术产业增速为 82%；2012 年增速为 30.0%，降低了 52 个百分点；2013、2014 年增速连续上升，分别为 31.8%、33.3%；2015 年安徽省新一代信息技术产业增速有所

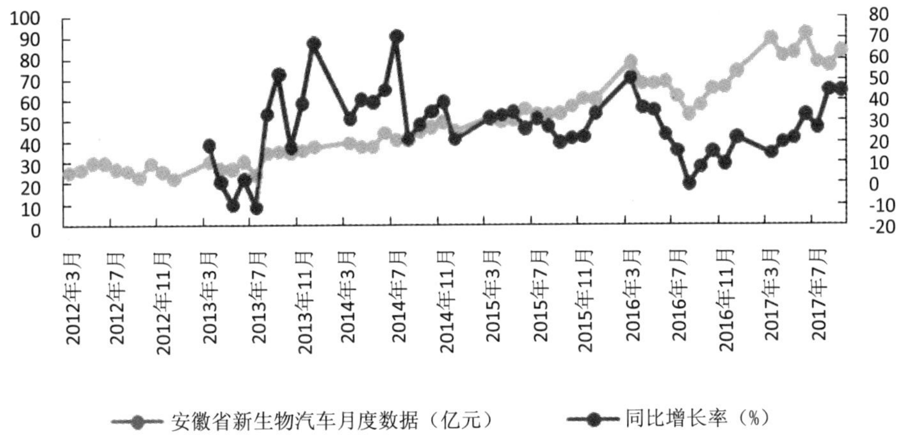

图 5-13　安徽省生物产业月度数据及同比增长率

下降，为－1.3%；2016 年，安徽省新一代信息技术产业增速开始回升，为 13.9%（图 5-14）。

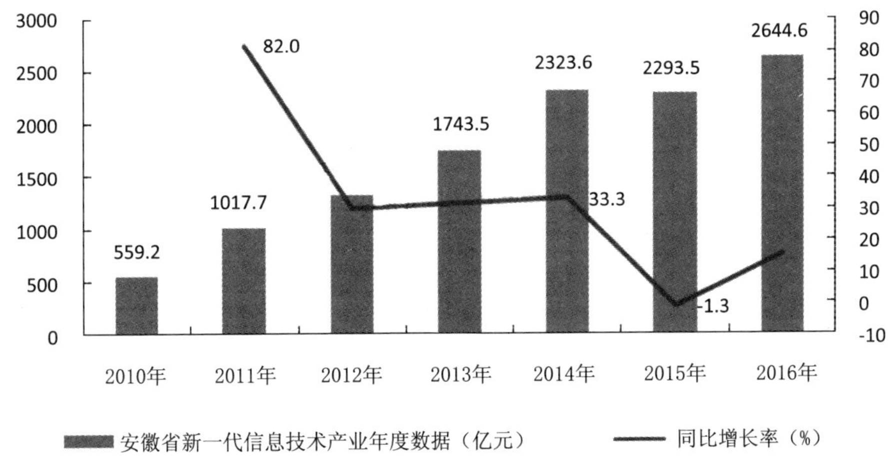

图 5-14　安徽省新一代信息技术产业年度数据及同比增长率

从月度数据看，2017 年 3—9 月份总体趋势相对较平稳。3 月份安徽省新一代信息技术产业产值为 284.2 亿元，同比增长 25.3%；4 月份同比增速有所降低，为 21.3%，比上个月降低了 4 个百分点；5 月份安徽省新一代信息技术产业增速开始回升，为 25.6%，比上个月提高 4.3 个百分点；6、7 月份增速相当，分别为 20.7%、20.9%；8 月份安徽省新一代信息技术产业增速有所提高，为 24.1%，比上个月提高 3.2 个百分点；9 月份增速有所回落，为 23.0%，产值为 302.4 亿元（图 5-15）。

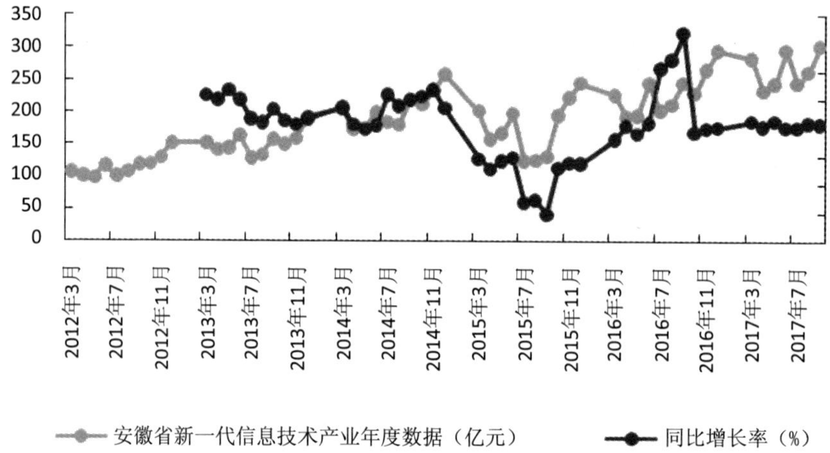

图 5-15 安徽省新一代信息技术产业月度数据及同比增长率

（七）高端装备制造产业

从发展情况来看，2010—2014 年安徽省高端装备制造产业发展迅速，2011 年安徽省高端装备制造业总产值为 1066.6 亿元；2012 年安徽省高端装备制造业累计总产值为 1345.2 亿元，同比增长 26.1%；2013 年安徽省高端装备制造业累计总产值为 1887.4 亿元，同比增长 40.3%；2014 年安徽省高端装备制造业累计总产值为 2163.2 亿元，同比增长 14.6%；而 2015 年安徽省高端装备制造业累计总产值急速下降，达到 928 亿元，增速为—57.1%；2016 年安徽省高端装备制造业累计总产值有所回升，达到 1224.9 亿元，同比增长 32%（图 5-16）。

从月度数据来看，2017 年我省高端装备制造业产值数据呈现下降趋势。1—2 月安徽省高端装备制造业产值为 182.3 亿元，比 2016 年增长 12.9%；3 月份安徽省高端装备制造业产值为 127.8 亿元，同比增长 27.8%；4、5、6 月份安徽省高端装备制造业增速有大幅度下降，分别为 19.1%、18.2%、11.8%，7、8、9 月份的安徽省高端装备制造业增速有所回升，分别为 14.4%、16.2%、17.2%（图 5-17）。

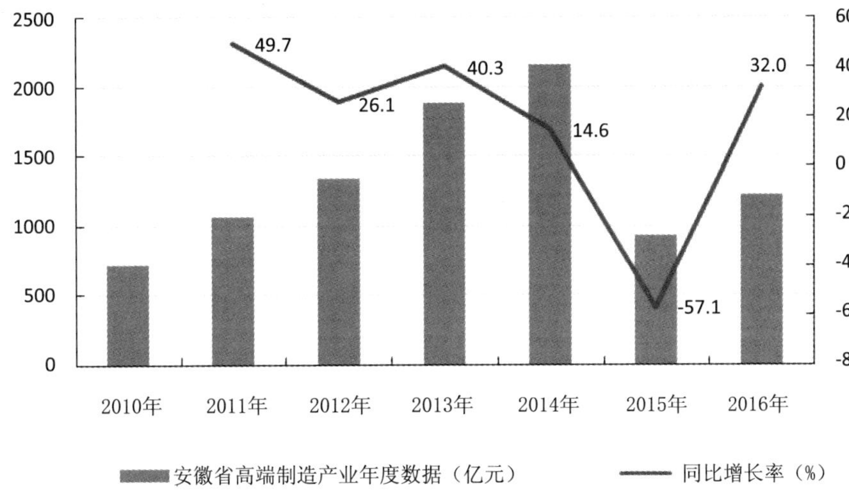

图 5－16 安徽省高端装备制造产业年度数据及同比增长率

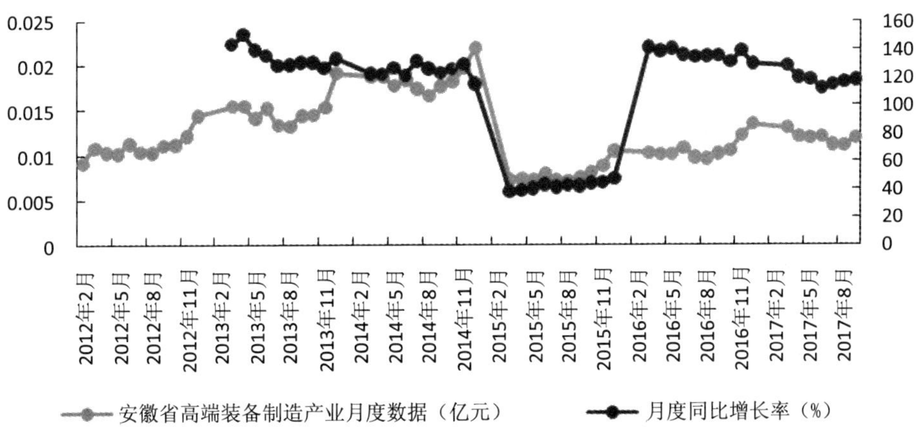

图 5－17 安徽省高端装备制造产业月度数据及月度同比增长率

第二节 安徽战略性新兴产业竞争力评价

为了综合反映安徽省战略性新兴产业竞争力大小，可以利用排名来深入了解安徽省战略性新兴产业竞争力的情况。为了适应安徽战略性新兴产业的实际需要，并结合安徽省的省情，建立一套科学的效率评价指标体系十分必要。但是在评价安徽战略性新兴产业的竞争力过程中，竞争力的影响因素不仅包括定量的指标，还包括定性指标，因此在建立安徽战略性新兴产业指标体系的过程中必须遵从一定的原则。

一、指标体系设计目的和原则

（一）指标体系设计目的

本套指标体系考察的是战略性新兴产业竞争力评价，通过运用所建立的指标体系，收集不同的面板数据或时序数据对战略性新兴产业进行横向或纵向分析，为战略性新兴产业的快速发展提供合理且科学的依据，同时与中部其他五省进行分析比较，对安徽省战略性新兴产业处于什么水平，有何优势与劣势进行客观评价。

（二）指标体系设计原则

评价指标体系是由多个指标构成的相互联系的统计指标群，而对战略性新兴产业竞争力评价也是一项客观性、科学性要求很高的工作，所以必须要全面、客观、准确地建立评价指标体系。为确保指标体系的有效性，建立评价指标体系时，主要遵循以下几项原则：

（1）科学客观性原则

在对安徽省战略性新兴产业竞争力进行评价时，对于评价指标的选择要准确，每一个指标能科学地反映出其竞争力的一个方面。在筛选评价指标的过程，尽可能地不受主观因素的影响，客观地分析所选指标的经济含义，科学客观地进行取舍。

（2）可行性原则

对于评价指标的选择一定要遵循可行性原则，设计指标的目的就是要切实可行地对安徽省战略性新兴产业竞争力进行客观的评价，要尽可能采用有数据支撑的指标，而数据不可或不易得到的指标则不宜采用。

（3）简明性原则

理论上来说，设置的指标越多越细越全面，反映的客观现实则越准确。但指标分得过细，难免会有指标间重叠，数据收集和加工处理的工作量加大的问题，所以对于指标的选择，要能形成一个完整的体系，具有合理性的同时，还必须简明实用。所以，应选择能反映安徽省战略性新兴产业竞争力的主要指标，摒弃一些不必要的从属指标。

（4）相对可比性原则

研究所采用的指标一般都是相对指标，不具有绝对性。且不同地区同一产业的同一指标要保持一致，同一指标的计算口径也要保持一致，以保证指标具有可比性。

二、安徽战略性新兴产业竞争力评价指标体系设计

基于波特的竞争力理论模型和上述四个原则，剔除衡量战略性新兴产业竞争力的四个因素：市场因素（包括对战略性新兴产业需求和要素供给）、科技支持因素（包括人力资本因素、科研投入等）、空间因素（包括基础设施、人口密度、经济集聚等）、政府支持因素（包括财政支出等）。构建出战略性新兴产业竞争力评价模型，使用均值化方法对各指标数值进行无量纲化处理，分别采用主成分分析法、熵值法和灰色综合评价法确定各影响因素的得分及相应权重，并求得各省战略性新兴产业竞争力的综合得分，对近三年（2013—2015年）来，安徽省战略性新兴产业竞争力状态进行量化考察和分析。为了有更好的对比，本书选取了2013—2015年中部六省中其他五省的相应指标作为对比样本，从而对安徽省战略性新兴产业在中部地区的竞争力有更显著的了解。

国内外相关学者认为，对一国或地区的产业竞争力影响最为直接也是最大的因素如下：生产要素、需求条件、相关和支持性产业及企业战略、结构和同业竞争。由此，本书定义了战略性新兴产业竞争力评价模型。在该模型中，不同区域内战略性新兴产业的竞争力差异主要取决于以下几个因素：

（1）市场因素。对战略性新兴产业的需求，包括开放条件下制造业和生产者服务以及战略新兴产业内部对战略性新兴产业的需求；战略性新兴产业要素的供给，金融资本，特别是高级人力资本的供给。

（2）科技因素。包括技术供给、知识产权保护力度。

（3）空间因素。交通通信、城市发展、地理集聚等。

（4）制度因素。包括政府财政能力、市场化因素等。

构建的模型包含以上因素的原因在于，为了形成某区域的战略性新兴产业竞争力，就要满足如下的条件：先进制造业和高端生产者要拥有大量需求；战略性技术的持续创新、人力资本，特别是高级人力资本要有足够的供给；便捷的交通通信和巨大的城市发展潜力和良好的发展前景，其中包含良好的制度环境因素等。

因此，战略性新兴产业竞争力不是单一概念，但是指标体系的选取不可能穷尽，所以需要选取能够主要反映新兴产业竞争力内容的指标。具体选取的相关指标以及指标所属的种类见表 5－1 所列。

表 5－1 战略性新兴产业竞争力评价模型指标构成

<table>
<tr><th rowspan="2">总指标</th><th rowspan="2">决定因素</th><th rowspan="2">基础指标</th><th rowspan="2">计量单位</th><th>指标属性</th></tr>
<tr><th>正指标</th></tr>
<tr><td rowspan="15">战略性新兴产业竞争力</td><td rowspan="5">市场因素</td><td>第二产业占 GDP 比重</td><td>%</td><td>√</td></tr>
<tr><td>第三产业占 GDP 比重</td><td>%</td><td>√</td></tr>
<tr><td>进出口总额占 GDP 比重</td><td>%</td><td>√</td></tr>
<tr><td>存款总额占 GDP 比重</td><td>%</td><td>√</td></tr>
<tr><td>贷款总额占 GDP 比重</td><td>%</td><td>√</td></tr>
<tr><td rowspan="3">科技因素</td><td>人力资本因素</td><td>年</td><td>√</td></tr>
<tr><td>科技支出占 GDP 比重</td><td>%</td><td>√</td></tr>
<tr><td>知识产权保护力度</td><td>—</td><td>√</td></tr>
<tr><td rowspan="4">空间因素</td><td>公路密度（公路里程/面积）</td><td>公里/平方公里</td><td>√</td></tr>
<tr><td>铁路密度（铁路里程/面积）</td><td>公里/平方公里</td><td>√</td></tr>
<tr><td>人口密度（人口/面积）</td><td>人/平方公里</td><td>√</td></tr>
<tr><td>经济密度（GDP/面积）</td><td>万元/平方公里</td><td>√</td></tr>
<tr><td rowspan="2">政府因素</td><td>财政支出占 GDP 比率</td><td>%</td><td>√</td></tr>
<tr><td>市场化指数</td><td>—</td><td>√</td></tr>
</table>

从战略性新兴产业竞争力评价模型所选取的指标也可以看出，培育和发展战略性新兴产业、提升战略性新兴产业竞争力需要创造良好的制造业环境、生产性服务业环境和高层次的人力资本环境，有利于

竞争的市场环境以及政策、制度环境等。这就需要各区域间基于资源禀赋和发展阶段，在市场化、空间集聚化、科技信息化以及政府支持等方面需求适合自身的发展路径。

本章主要数据来自历年的《中国统计年鉴》，各省统计年鉴，部分指标直接获得，部分数据需要计算。市场化指数和知识产权保护力度指数的数据来源于《中国市场化指数报告》。关于人力资本因素，本书通过计算各区域理念人均受教育年限来近似替代；在人居受教育年限的核算中，我们将文盲与半文盲、小学、初中、高中、大专及以上人员的学制分别设定为2、6、3、3、3年。

三、安徽战略性新兴产业综合评价方法

此次选取具有代表性的三种评价方法——主成分分析法、熵值法和灰色综合评价法对中部六省战略性新兴产业竞争力进行打分和排序。再用合适的方法对这三种方法进行组合评价，得出每个省份的组合评价值，并根据组合评价值对各省份战略性新兴产业竞争力进行排名。

（一）安徽省战略性新兴产业竞争力主成分分析

在区域战略性新兴产业竞争力评价过程中，通过均值化方法对原始数据进行无量纲化处理，然后采用主成分分析法得到主要影响区域间新兴产业竞争力差异的因素，并求得各区域战略性新兴产业竞争力得分。

首先对每年不同省份数据进行主成分分析，得到不同主成分对应的特征值、方差贡献率以及成分矩阵，见表5-2所列。

表5-2　不同年份主成分对应特征值和方差贡献率

年份	成分	初始特征值	方差贡献率（%）	累积解释的总方差（%）
2013年	1	6.507	46.479	46.479
	2	3.293	23.522	70.001
	3	1.822	13.013	83.014
	4	1.261	9.004	92.017

（续表）

年份	成分	初始特征值	方差贡献率（%）	累积解释的总方差（%）
2014 年	1	5.827	41.619	41.619
	2	3.539	25.277	66.895
	3	2.223	15.88	82.775
	4	1.536	10.972	93.747
2015 年	1	7.484	53.454	53.454
	2	2.986	21.326	74.78
	3	2.1	15.001	89.782
	4	1.194	8.526	98.308

根据主成分提取的准则，提取累计方差贡献率应大于 85%，故得到 2013—2015 年各指标的四个主成分以及对应的特征值和方差贡献率（表 5－2）。

下面借助 SPSS 软件得到 2013—2015 年各指标因子载荷阵，并由此分析各因子所代表的决定因素，相关结果见表 5－3、表 5－4 和表 5－5所列。

表 5－3 2013 年各指标因子载荷阵

	成分			
	1	2	3	4
Zscore（知识产权保护力度）	0.857	0.033	0.464	0.195
Zscore（市场化指数）	0.573	0.556	0.385	0.09
Zscore（人均受教育年限）	−0.72	−0.531	0.335	−0.234
Zscore（财政支出占 GDP 比重）	−0.903	0.382	−0.148	0.024
Zscore（第二产业占 GDP 比重）	0.646	−0.006	−0.486	0.424
Zscore（第三产业占 GDP 比重）	−0.698	0.074	0.628	−0.259
Zscore（进出口总额占比）	−0.316	0.697	−0.27	0.381
Zscore（存款占比）	−0.853	0.423	0.06	0.007
Zscore（贷款占比）	−0.794	0.538	0.036	0.185
Zscore（科技支出占比）	0.288	0.249	0.711	0.523
Zscore（经济密度）	0.897	−0.369	−0.032	−0.227
Zscore（人口密度）	0.618	0.702	−0.114	−0.323
Zscore（公路密度）	0.677	0.596	0.234	−0.348
Zscore（铁路密度）	0.137	0.74	−0.203	−0.427

表 5－4 2014 年各指标因子载荷阵

	成分			
	1	2	3	4
Zscore（知识产权保护力度）	0.167	0.827	0.324	0.215
Zscore（市场化指数）	0.9	－0.152	－0.257	0.319
Zscore（人均受教育年限）	－0.582	0.635	0.059	－0.42
Zscore（财政支出占 GDP 比重）	－0.789	－0.441	0.081	0.411
Zscore（第二产业占 GDP 比重）	0.326	0.503	－0.308	0.45
Zscore（第三产业占 GDP 比重）	－0.281	0.885	－0.301	－0.094
Zscore（进出口总额占比）	0.17	－0.795	0.276	0.337
Zscore（存款占比）	－0.857	0.233	0.36	0.272
Zscore（贷款占比）	－0.806	0.072	0.321	0.491
Zscore（科技支出占比）	0.392	0.604	－0.151	0.621
Zscore（经济密度）	0.886	0.141	0.414	－0.099
Zscore（人口密度）	0.781	－0.049	0.621	－0.034
Zscore（公路密度）	0.875	0.279	0.375	－0.003
Zscore（铁路密度）	－0.341	0.201	0.91	－0.085

表 5－5 2015 年各指标因子载荷阵

	成分			
	1	2	3	4
Zscore（知识产权保护力度）	0.617	－0.659	0.044	0.4
Zscore（市场化指数）	0.939	－0.017	－0.162	0.228
Zscore（人均受教育年限）	－0.709	－0.658	0.124	－0.086
Zscore（财政支出占 GDP 比重）	－0.77	0.436	－0.307	0.349
Zscore（第二产业占 GDP 比重）	0.751	0.655	－0.052	－0.055
Zscore（第三产业占 GDP 比重）	－0.647	－0.283	0.663	－0.234
Zscore（进出口总额占比）	0.269	0.937	－0.14	0.014
Zscore（存款占比）	－0.882	0.129	0.295	0.338
Zscore（贷款占比）	－0.819	0.272	0.13	0.483

（续表）

成分				
Zscore（科技支出占比）	0.65	−0.45	−0.193	0.58
Zscore（经济密度）	0.876	−0.001	0.465	−0.094
Zscore（人口密度）	0.777	0.257	0.558	−0.009
Zscore（公路密度）	0.861	−0.095	0.431	0.143
Zscore（铁路密度）	−0.296	0.414	0.804	0.283

根据表 5－3 至表 5－5 所示结果，综合各年的因子载荷阵系数情况，可以得出以下结论：

2013 年：经济密度、人口密度、公路密度、铁路密度均在因子 1 上有较高载荷，故主成分 1 集中反映了空间因素对区域间新兴产业竞争力的影响；第三产业占 GDP 比重、存款占 GDP 比重、贷款占 GDP 比、进出口总额占 GDP 比在因子 2 上有较高载荷，故主成分 2 集中反映了市场因素对区域间新兴产业竞争力的影响；知识产权保护力度、人均受教育年限指标在因子 3 上有较高载荷，故主成分 3 集中反映了科技因素对区域间新兴产业竞争力的影响；市场化指数、财政支出占 GDP 比重在因子 4 上有较高载荷，故主成分 4 集中反映了政府因素对区域间新兴产业竞争力的影响。

2014 年：经济密度、人口密度、公路密度在因子 1 上有较高载荷，故主成分 1 集中反映了空间因素对区域间新兴产业竞争力的影响；知识产权保护力度、人均受教育年限、科技支出占 GDP 比重在因子 2 上有较高载荷，故主成分 2 集中反映了科技因素对区域间新兴产业竞争力的影响；财政支出占 GDP 比重指标在因子 3 上有较高载荷，故主成分 3 集中反映了政府因素对区域间新兴产业竞争力的影响；存款占 GDP 比重、贷款占 GDP 比重、进出口总额占 GDP 比重、第二产业占 GDP 比重等指标在因子 4 上有较高载荷，故主成分 4 集中反映了市场因素对区域间新兴产业竞争力的影响。

2015 年：知识产权保护力度、科技支出占 GDP 比重在因子 1 上有较高载荷，故主成分 1 集中反映了科技因素对区域间新兴产业竞争力的影响；存款占 GDP 比重、贷款占 GDP 比重、进出口总额占 GDP

比重、第二产业占 GDP 比重等指标在因子 2 上有较高载荷，故主成分 2 集中反映了市场因素对区域间新兴产业竞争力的影响；经济密度、人口密度、公路密度、铁路密度等指标均在因子 3 上有较高载荷，故主成分 3 集中反映了空间因素对区域间新兴产业竞争力的影响；市场化指数、财政支出占 GDP 比重在因子 4 上有较高载荷，故主成分 4 集中反映了市场因素对区域间新兴产业竞争力的影响。

根据成分得分系数矩阵和不同主成分对应的特征向量，可以得到不同省份在不同因子下的得分。表 5－6 列出了中部六省 2013—2015 年新兴产业竞争力因子得分情况。表 5－7 列出了不同年份不同省份新兴产业竞争力因子得分排名。

表 5－6　中部六省 2013—2015 年新兴产业竞争力因子得分情况

年份	省份	FAC1_1	FAC2_1	FAC3_1	FAC4_1
2013	安徽	0.54349	1.14227	−0.16529	1.46384
	湖南	1.24405	−1.55506	−0.27705	−0.00049
	江西	−0.88146	−0.31407	−1.00156	0.50343
	湖北	−0.17441	−0.08973	1.93216	0.053
	山西	−1.3861	−0.23859	−0.10203	−0.48018
	河南	0.65444	1.05518	−0.38623	−1.53959
2014	安徽	0.47392	−0.34955	0.46664	1.69032
	湖南	0.21667	0.38695	−0.87707	−0.99187
	江西	−0.39803	−1.73893	−0.73665	−0.21686
	湖北	0.46224	1.15721	−0.98773	0.49259
	山西	−1.8042	0.6015	0.73873	−0.0428
	河南	1.0494	−0.05718	1.39608	−0.93139
2015	安徽	0.5928	0.36504	0.01471	1.78674
	湖南	0.15707	−1.32992	−0.49423	−0.73599
	江西	−0.32185	1.33124	−1.39421	−0.58021
	湖北	0.42679	−0.9369	−0.3763	0.25333
	山西	−1.83681	−0.09243	0.86162	0.18717
	河南	0.982	0.66297	1.38841	−0.91105

表 5-7 不同年份不同省份新兴产业竞争力因子得分排名

年份	省份	因子 1 排名	因子 2 排名	因子 3 排名	因子 4 排名
2013	安徽	3	1	3	1
	湖南	1	6	4	4
	江西	5	5	6	2
	湖北	4	3	1	3
	山西	6	4	2	5
	河南	2	2	5	6
2014	安徽	2	5	3	1
	湖南	4	3	5	6
	江西	5	6	4	4
	湖北	3	1	6	2
	山西	6	2	2	3
	河南	1	4	1	5
2015	安徽	2	3	3	1
	湖南	4	6	5	5
	江西	5	1	6	4
	湖北	3	5	4	2
	山西	6	4	2	3
	河南	1	2	1	6

2013 年，在空间因素中，湖南省的得分最高，达到 1.0494，河南、安徽、湖北、江西则依次为 2 到 5 位，山西省排在末位；在政府支持和市场化方面，安徽省均在该年排在第一位；该年的科技因素中，安徽省得分排名第二，湖北省得分最高，排名第一。

2014 年，在空间因素中，河南省的得分最高，达到 1.24405，安徽、湖北、湖南、江西则依次为 2 到 5 位，山西省依旧排在末位；在市场化方面，安徽省仍在该年排在第一位；而在政府支持方面，该年安徽省降至第三位，排在河南、山西之后，其中河南得分最高，达到 1.39608；该年的科技因素中，安徽省得分排名降至第五，排在湖北、山西、湖南、河南之后，其中湖北省得分最高，达到 1.15721。

2015 年，在科技因素中，河南省的得分最高，达到 0.982，安徽、湖北、湖南、江西则依次为 2 到 5 位，山西省排在末位；安徽省在该年的市场因素下得分排名第三，前两位是江西和河南；该年的空间因素下，安徽省得分排名第三，河南省得分最高，排名第一，其次是山西；在政府支持方面，安徽省在该年排在第一位，得分为 1.78674。

再由因子得分和对应的特征值计算主成分得分，计算方法是相应的因子得分乘以对应特征根的算术平方根。表 5-8 为不同年份不同省份战略性新兴产业竞争力主成分得分。

表 5-8　不同年份不同省份战略性新兴产业竞争力主成分得分

年份	省份	主成分 1	主成分 2	主成分 3	主成分 4
2013	安徽	1.386379329	2.072865378	−0.223099816	1.643488288
	湖南	3.17342583	−2.821951058	−0.373947632	−0.000550135
	江西	−2.248501211	−0.569939532	−1.35185342	0.565212939
	湖北	−0.444899481	−0.162832089	2.607928736	0.059504372
	山西	−3.535778741	−0.432966768	−0.137714769	−0.539109606
	河南	1.669399783	1.914824069	−0.521313098	−1.728534631
2014	安徽	1.143965917	−0.657557506	0.695777646	2.094934123
	湖南	0.523006193	0.727912679	−1.307744085	−1.229295227
	江西	−0.960779781	−3.271195748	−1.098372628	−0.268770064
	湖北	1.115772293	2.176890635	−1.472742273	0.610501917
	山西	−4.355045802	1.131514346	1.101473985	−0.053045092
	河南	2.53308118	−0.107564406	2.081607355	−1.15433805
2015	安徽	1.621675165	0.630753564	0.021317788	1.952108902
	湖南	0.429683735	−2.297972222	−0.716240004	−0.804108393
	江西	−0.880459096	2.300253053	−2.020494458	−0.633910421
	湖北	1.167534993	−1.618871943	−0.545335398	0.276776558
	山西	−5.024813024	−0.159710037	1.248662995	0.204493224
	河南	2.686378226	1.145547585	2.012089076	−0.995370795

最终得到的结果同因子得分结果相同。从中可以得到直观地感受，安徽省 2013—2015 年在中部六省中各主成分得分总体处在中上水平，

为了能进一步直观地对安徽省战略性新兴产业竞争力情况进行评价，我们根据中部六省战略性新兴产业竞争力指标的主成分得分情况，利用各主成分的方差贡献率作为权重进行加权平均，最后得到各省战略性新兴产业竞争力的综合得分，见表 5－9、表 5－10、表 5－11 所列。

表 5－9 主成分分析下 2013 年中部六省战略性新兴产业竞争力评价

省份	主成分分析	
	得分	排名
安徽省	1.3594	1
湖南省	0.8286	3
江西省	－1.4173	5
湖北省	0.1083	4
山西省	－1.9689	6
河南省	1.0899	2

表 5－10 主成分分析下 2014 年中部六省战略性新兴产业竞争力综合评价

省份	主成分分析	
	得分	排名
安徽省	0.7066	3
湖南省	0.0642	4
江西省	－1.5547	6
湖北省	0.9213	2
山西省	－1.4752	5
河南省	1.3377	1

表 5－11 主成分分析下 2015 年中部六省战略性新兴产业竞争力综合评价

省份	主成分分析	
	得分	排名
安徽省	1.2726	2
湖南省	－0.4742	5

（续表）

省份	主成分分析	
	得分	排名
江西省	−0.3665	4
湖北省	0.2398	3
山西省	−2.7335	6
河南省	2.0619	1

（二）基于熵值法的安徽省战略性新兴产业竞争力分析

熵值法是一种客观赋权方法，它通过计算指标的信息熵，根据指标的相对变化程度对系统整体的影响来决定指标的权重，相对变化程度大的指标具有相对大的权重。信息熵描述样本数据变化的相对速率，系数越接近于1，距目标就越近；系数越接近于0，距目标就越远。利用熵值法确定权重，能够消除人为因素的干扰，使评价结果更加科学。

根据客观性、可行性、简明性原则选取了14个指标，进行熵值法分析。

假设需要评价 m 个城市的战略新兴产业竞争力状况，评价指标体系包括 n 各指标。这是个由 m 样本组成，用 n 个指标做综合评价的问题，便可形成一个初步矩阵：

$$\boldsymbol{X}_i j=\begin{bmatrix} X_{11} & \cdots & X_{1n} \\ \cdots & \cdots & \cdots \\ X_{m1} & \cdots & X_{mn} \end{bmatrix}，(0\leqslant i\leqslant m，0\leqslant j\leqslant n)$$

其中，$\boldsymbol{X}_{ij}$ 表示第 i 个样本第 j 项评价指标的数值。

(1) 数据处理——标准化处理

由于各指标的量纲、数量级指标的正负取向均有差，所以为消除因量纲不同对评价结果的影响，需要对各指标进行标准化处理。具体公式如下：

① 若指标为正向指标，计算方法为：$\boldsymbol{X}'_{ij}=\dfrac{X_j-X_{\min}}{X_{\max}-X_{\min}}$；

② 若指标为负向指标，计算方法为：$\boldsymbol{X}'_{ij}=\dfrac{X_{\max}-X_j}{X_{\max}-X_{\min}}$。

因为考虑到标准化后的数据为 0 的情况，导致数据无意义，所以可以对标准化的公式进行适当变形，最终公式如下：

③ 若指标为正向指标，计算方法为：$\boldsymbol{X}'_{ij}=\dfrac{X_j-X_{\min}}{X_{\max}-X_{\min}}+1$；

④ 若指标为负向指标，计算方法为：$\boldsymbol{X}'_{ij}=\dfrac{X_{\max}-X_j}{X_{\max}-X_{\min}}+1$。

其中，X_j 为第 j 项指标值，$X_{\max}$ 为第 j 项指标的最大值，$X_{\min}$ 为第 j 项指标的最小值。

(2) 计算第 j 项指标下第 i 个样本指标值的比重 Y_{ij}

$$Y_{ij}=\frac{\boldsymbol{X}'_{ij}}{\sum_{i=1}^{m}\boldsymbol{X}'_{ij}},\ (0\leqslant Y_{ij}\leqslant 1)$$

(3) 计算第 j 项指标的信息熵值的公式为：

$$e_j=-k\sum_{i=1}^{m}Y_{ij}\ln Y_{ij},\ k=\frac{1}{\ln m},\ (0\leqslant Y_{ij}\leqslant 1)$$

(4) 计算信息熵冗余度的公式为：

$$d_j=1-e_j$$

(5) 第 j 项指标权重为：

$$w_j=\frac{d_j}{\sum_{i=1}^{m}d_j}$$

(6) 第 i 个样本综合水平得分：

$$S_{ij}=w_j\times X_{ij},\ S_i=\sum_{j=1}^{n}S_{ij}$$

根据上述理论步骤再结合 EXCEL 可以做出 2013—2015 年在熵值法下的战略性新兴产业竞争力综合评价排名，见表 5 - 12、表 5 - 13、表 5 - 14 所列。

表 5 - 12　熵值法下 2013 年中部六省战略性新兴产业竞争力综合评价

省份	熵值法	
	得分	排名
安徽省	1.6421	1
湖南省	1.3926	5
江西省	1.3295	6
湖北省	1.5841	3
山西省	1.4408	4
河南省	1.6168	2

表 5 - 13　熵值法下 2014 年中部六省战略性新兴产业竞争力综合评价

省份	熵值法	
	得分	排名
安徽省	1.5396	2
湖南省	1.2878	5
江西省	1.2542	6
湖北省	1.5191	3
山西省	1.5618	1
河南省	1.5144	4

表 5 - 14　熵值法下 2015 年中部六省战略性新兴产业竞争力综合评价

省份	熵值法	
	得分	排名
安徽省	1.5952	1
湖南省	1.3298	5

（续表）

省份	熵值法	
	得分	排名
江西省	1.3149	6
湖北省	1.4689	4
山西省	1.4953	3
河南省	1.5396	2

（三）灰色综合评价

灰色综合评价即在灰色关联度分析的基础上进行的评价，关联度分析是灰色系统理论中应用最广泛的一种方法。通过关联度分析对2013—2015 年战略性新兴产业进行灰色综合评价，见表 5 - 15、表 5 - 16、表 5 - 17 所列。

表 5 - 15　灰色关联法下 2013 年中部六省战略性新兴产业竞争力综合评价

省份	灰色关联法	
	得分	排名
安徽省	0.9456	3
湖南省	0.9834	1
江西省	0.9402	4
湖北省	0.9386	5
山西省	0.9363	6
河南省	0.9628	2

表 5 - 16　灰色关联法下 2014 年中部六省战略性新兴产业竞争力综合评价

省份	灰色关联法	
	得分	排名
安徽省	0.9522	3
湖南省	0.9401	5
江西省	0.9548	2
湖北省	0.9456	4
山西省	0.9276	6
河南省	0.9831	1

表 5-17　灰色关联法下 2015 年中部六省战略性新兴产业竞争力综合评价

省份	灰色关联法	
	得分	排名
安徽省	0.9451	3
湖南省	0.9320	4
江西省	0.9456	2
湖北省	0.9391	5
山西省	0.9295	6
河南省	0.9505	1

四、2013—2015 年安徽战略性新兴产业综合评价

由于本章所选取的几种方法属于客观赋权法，客观赋权法容易收到样本数据随机误差和系统偏差的影响，因此在进行单一评价之后，需再次进行组合评价，以弥补单一评价方法的不足，同时汲取单一评价方法的优点，获取更多的信息。

（一）主成分分析下的 2013—2015 年战略性新兴产业竞争力评价

2013 年，安徽省战略性新兴产业竞争力综合得分排名第一位，达 1.3594，其中空间、政府、市场、科技四大影响区域间战略性新兴产业竞争力的因素上，安徽省均有着排名 1、2 位的尚佳表现。

2014 年，安徽省战略性新兴产业竞争力综合得分排名第三位，达 0.7066，其中空间、市场两大影响区域间战略性新兴产业竞争力的因素上，安徽省均有着排名 1、2 位的尚佳表现，而在政府和科技因素方面安徽省较上年的排名有所下降，所以在综合得分上也随即降至第三位。

2015 年，安徽省战略性新兴产业竞争力综合得分排名上升至第二位，达 1.2726，其中科技、政府两大影响区域间战略性新兴产业竞争力的因素上，安徽省有着排名 1、2 位的尚佳表现，而在空间和市场因素方面安徽省较上年的排名略微有所下降，均排在第三位，所以在综合得分上安徽省较 2014 年上升一位到第二位。

（二）熵值法下的 2013—2015 年战略性新兴产业竞争力评价

2013 年中部六省战略性新兴产业竞争力排名前三的分别是：安徽

省、河南省、湖北省。

2014 年中部六省战略性新兴产业竞争力排名前三的分别是：山西省、安徽省、湖北省。

2015 年中部六省战略性新兴产业竞争力排名前三的分别是：安徽省、河南省、山西省。

（三）灰色综合评价下的 2013—2015 年战略性新兴产业竞争力评价

2013 年中部六省战略性新兴产业竞争力排名前三的分别是：湖南省、河南省、安徽省。

2014 年中部六省战略性新兴产业竞争力排名前三的分别是：河南省、江西省、安徽省

2015 年中部六省战略性新兴产业竞争力排名前三的分别是：河南省、江西省、安徽省。

（四）组合评价下的 2013—2015 年战略性新兴产业竞争力综合评价

组合评价下的 2013—2015 年战略性新兴产业竞争力综合评价见表 5－18～表 5－20 所列。

表 5－18　组合评价下的 2013 年战略性新兴产业竞争力综合评价

省份	平均值法		Borda 法		Copeland 法		离异系数法	
	得分	排名	得分	排名	得分	排名	得分	排名
安徽省	0.8809	2	3	2	3	2	0.2459	2
湖南省	−0.4124	3	1	4	−1	4	−1.7398	6
江西省	−0.5654	5	1	5	−1	5	−1.5232	5
湖北省	0.1901	4	2	3	1	3	1.7310	1
山西省	−1.0622	6	0	6	−3	6	−0.4022	4
河南省	0.9690	1	3	1	3	1	0.1975	3

表 5－19　组合评价下的 2014 年战略性新兴产业竞争力综合评价

省份	平均值法		Borda 法		Copeland 法		离异系数法	
	得分	排名	得分	排名	得分	排名	得分	排名
安徽省	0.4457	2	3	2	3	2	0.5776	2
湖南省	−0.5547	5	1	5	−1	5	−0.8879	4

（续表）

省份	平均值法		Borda 法		Copeland 法		离异系数法	
	得分	排名	得分	排名	得分	排名	得分	排名
江西省	−0.8077	6	1	6	−1	6	−0.9089	5
湖北省	0.3355	3	2	3	1	3	1.2933	1
山西省	−0.5245	4	2	4	−1	4	−1.8445	6
河南省	1.1056	1	3	1	3	1	0.4604	3

表 5－20　组合评价下的 2015 年战略性新兴产业竞争力综合评价

省份	平均值法		Borda 法		Copeland 法		离异系数法	
	得分	排名	得分	排名	得分	排名	得分	排名
安徽省	0.8558	2	3	2	3	2	0.3138	2
湖南省	−0.8056	5	0	6	−3	6	−0.4605	4
江西省	−0.2799	4	1	4	−1	4	−2.7755	6
湖北省	0.0341	3	2	3	1	3	3.7509	1
山西省	−0.8724	6	1	5	−1	5	−0.9927	5
河南省	1.0680	1	3	1	3	1	0.2251	3

用 Spearman 等级相关系数检验法对组合方法与单一评价方法之间的耦合程度进行检验，最后结果是组合评价中采用 Borda 方法对单一评价方法之间的耦合程度最佳。所以，最终中部六省组合评价下的战略性新兴产业竞争力综合评价见表 5－21、表 5－22、表 5－23 所列。

表 5－21　2013 年中部六省战略性新兴产业竞争力综合评价

省份	组合评价		主成分分析		熵值法		灰色综合评价	
	得分	排名	得分	排名	得分	排名	得分	排名
安徽省	3	2	1.3594	1	1.6421	1	0.9456	3
湖南省	1	4	0.8286	3	1.3926	5	0.9834	1
江西省	1	5	−1.4173	5	1.3295	6	0.9402	4
湖北省	2	3	0.1083	4	1.5841	3	0.9386	5
山西省	0	6	−1.9689	6	1.4408	4	0.9363	6
河南省	3	1	1.0899	2	1.6168	2	0.9628	2

表 5-22　2014 年中部六省战略性新兴产业竞争力综合评价

省份	组合评价		主成分分析		熵值法		灰色综合评价	
	得分	排名	得分	排名	得分	排名	得分	排名
安徽省	3	2	0.7066	3	1.5396	2	0.9522	3
湖南省	1	5	0.0642	4	1.2878	5	0.9401	5
江西省	1	6	−1.5547	6	1.2542	6	0.9548	2
湖北省	2	3	0.9213	2	1.5191	3	0.9456	4
山西省	2	4	−1.4752	5	1.5618	1	0.9276	6
河南省	3	1	1.3377	1	1.5144	4	0.9831	1

表 5-23　2015 年中部六省战略性新兴产业竞争力综合评价

省份	组合评价		主成分分析		熵值法		灰色综合评价	
	得分	排名	得分	排名	得分	排名	得分	排名
安徽省	3	2	1.2726	2	1.5952	1	0.9451	3
湖南省	0	6	−0.4742	5	1.3298	5	0.9320	4
江西省	1	4	−0.3665	4	1.3149	6	0.9456	2
湖北省	2	3	0.2398	3	1.4689	4	0.9391	5
山西省	1	5	−2.7335	6	1.4953	3	0.9295	6
河南省	3	1	2.0619	1	1.5396	2	0.9505	1

总体来看，安徽省近年战略性新兴产业竞争力在中部六省中一直稳定在前三名，其中在市场、科技、政府、空间四大影响因素上，安徽省相较于中部其他五省总体均处于前列，说明在影响战略性新兴产业竞争力的四大方面安徽省都有着较好的表现。

对比在战略性新兴产业竞争力得分上同样有着稳定表现的河南、湖北省，安徽省也可以在相对得分靠后的四大影响因素上借鉴河南、湖北两省的相关应对措施和方法。每年各单项影响因素得分都可能会有一些小幅变动，导致每年的综合得分不径相同。总的来说，安徽省在中部六省中的战略性新兴产业竞争力上处于中上游水平，显示出了安徽省近年社会发展的强劲动力。

根据以上分析，我们提出以下几个提升战略性新兴产业竞争力的路径：第一，强调战略性新兴产业竞争力提升的协同作用，战略性新兴产业提升包含多个支撑点：技术、人才、融资、空间集聚和公共服务等方面；第二，在微观上，在战略性新兴产业生命周期的不同阶段，应分别采用不同的政策支持措施，通过综合运用政府和市场两方面力量，采取多种政策支持体系，最终实现战略性新兴产业竞争力提升。

第六章　推动安徽经济健康发展的政策建议

“十三五”时期，是我省全面建成小康社会的决胜阶段，是打造创新型强省的重要时段，也是加快建设五大发展美好安徽的关键时期。2017年是实施“十三五”规划承上启下的一年，是供给侧结构性改革的深化之年，安徽省政府全面贯彻党的十九大精神，以习近平新时代中国特色社会主义思想为指导，深入贯彻落实习近平总书记视察安徽重要讲话精神，积极面对经济发展进入新常态等一系列变化，以实施五大发展行动计划为总抓手，较好地完成稳增长、促改革、调结构、惠民生、防风险等各项任务，实现了经济稳中有进、结构优化、稳中向好的发展目标。在安徽经济取得重大成就的同时，我们必须清醒地看到，我省发展不平衡不充分的问题仍较突出，发展质量和效益还不高，脱贫攻坚任务依旧艰巨，城乡居民收入水平距全国水平尚有不小差距，这些都是我省经济发展过程中面临的巨大挑战。基于此，本章分析过去一年安徽经济发展的成效与不足，进而对未来经济发展提出相应的政策建议。

第一节　安徽经济发展中的成效

一、经济发展稳中有进，经济结构不断优化

2017年安徽经济运行稳中向好，全省生产总值达到27518.7亿元，比上年增长8.5%（按可比价格计算），人均GDP达到44206元。其中，第三产业增加值增速最快，增长了9.7%，为11420.4亿元；第一产业增加值增速最慢，增长了4%，为2611.7亿元；第二产业增

加值为 13486.6 亿元，与上年相比增长了 8.6%。财政收入快速增长，全年财政收入达到 4858 亿元，增长了 11.1%，比上年提高了 2.1 个百分点。城镇、农村常住居民人均可支配收入分别提高 8.8%、10.3%。工业发展稳中加快，全年规模以上工业增加值创安徽近三年最高水平，与上年相比，增长了 9%，增幅提高 0.2 个百分点，与全国相比，增幅提高 2.4 个百分点，居全国第六、中部第二。农业生产形势较好，粮食产量为历史第二高产年，比上年增长了 1.7%，成功实现了“十四年丰”的目标。消费品市场平稳运行，全年社会消费品零售总额为 11192.6 亿元，增长了 11.9%，其增幅相较于上年下降了 0.4 个百分点，相较于全国提高了 1.7 个百分点。固定资产投资增长较快，全年固定资产投资增长 11%（按可比口径计算），高于全国 3.8 个百分点，投资额达到 29186 亿元，居全国第十一、中部第三。全年房地产开发投资达到 5912.5 亿元，增幅高于全国 14.9 个百分点。全年进出口总额为 3631.6 亿元，增长了 23.7%，增幅比全国高 9.5 个百分点。金融机构存贷款规模扩大，存贷款余额、社会融资规模实现翻一番。全面展开了新兴产业重大基地、重大工程、重大专项建设，加快构建了创新型现代化产业体系。

二、加快建设“三重一创”，创新驱动能力增强

2017 年规模以上工业中，高新技术产业增加值、战略性新兴产业产值分别增长 14.8%、21.4%，相较于全部工业而言，高了 5.8 个百分点和 5.3 个百分点。年末全省拥有有效发明专利 47734 件，居全国第 7 位，增长 22.1%。市场主体较快增长，全年新登记各类市场主体增长 17.1%，其中新登记注册企业增长 21.9%。新产品大幅增长，全年太阳能电池产量、工业机器人、新能源汽车、光纤、光缆分别增长 38.9%、33.2%、38.5%、34.3%和 58.2%。产业升级迈出新步伐，“三重一创”建设启动实施，首批 14 个战略性新兴产业基地发展势头良好，第二批 10 个基地和 7 个重大工程、重大专项启动建设。科技创新能力和科技成果转化水平显著提升，区域创新能力稳居全国第一方阵。我省把创新作为最大政策，系统推进全面创新改革试验，扎实推

进合芜蚌国家自主创新示范区建设。新增国家“千人计划”人才 143 人，培育和引进高层次人才团队 115 个，培养高技能人才 42.8 万人，获国家自然科学奖、国家技术发明奖、国家科技进步奖 62 项。合肥综合性国家科学中心和产业创新中心基本建成，全球最薄触控玻璃实现量产，液晶显示全球最高世代线建成投产，科大讯飞智能语音入列国家人工智能四大开放创新平台，合肥微尺度物质科学国家研究中心获批建设，全国首家智慧医院挂牌运营，创新引领型发展在江淮大地呈现蓬勃生机。

三、扎实推进供给侧改革成效，促进产业转型升级

2017 年全省顺利完成退出煤炭产能 705 万吨/年、化解炼铁产能 62 万吨/年、炼钢产能 64 万吨/年的去产能任务，稳妥分流安置职工 2.4 万人。商品房库存、工业企业产成品库存持续下降，截至 9 月底，全省在售商品住房库存比上年末减少 510 万平方米，去化周期 13.3 个月，全省棚户区改造货币化安置比例达 70.14%。我省优化融资结构，进一步降低企业杠杆率，大力发展股权融资，前 9 个月，全省新增境内首发上市企业 9 家，新增“新三板”挂牌企业 68 家，新增省区域性股权市场挂牌企业 530 家。降低企业成本是增强企业竞争力、扩大优质增量供给的重要举措，全省结构性减税 759.7 亿元，同比增长 34.2%。我省出台了现代基础设施体系建设“1+9”规划、支持新能源汽车产业创新发展和推广应用等政策。前 11 个月，全省亿元以上重点项目投资 13240.3 亿元，开工项目 2607 个，竣工项目 1382 个。

四、贯彻落实精准扶贫，脱贫攻坚明显进展

2017 年是脱贫攻坚向纵深推进的关键一年，是精准扶贫、精准脱贫的深化之年。安徽省政府认真贯彻脱贫攻坚方略，落实“六个精准”“五个一批”，坚持“六看六确保”，全面实施脱贫攻坚十大工程，确保完成年度脱贫攻坚的任务，实现“小康路上一个都不能掉队”的庄严承诺，将贫困人口从 679.1 万人减少到 120.2 万人，贫困发生率从 12.6%下降到 2.2%。建立“省负总责、市县抓落实，工作到村、帮

扶到户”的工作机制，建立完善脱贫目标、领导、监督、考评、帮扶、产业等攻坚体系，对全省 484 万贫困人口、3000 个贫困村进行建档立卡，深入开展“重精准、补短板、促攻坚”专项整改行动和“七个不落，一个不少”脱贫攻坚大排查。省直相关部门制定出台脱贫攻坚配套性文件 120 件，形成了“1＋20＋N”的政策体系，政策“组合拳”效应逐步显现。产业扶贫覆盖所有贫困村，探索和创新了园区带动、企业带动、农民合作社带动、种养大户带动和贫困户自主种养的“四带一自”产业扶贫模式，促进贫困群众增收脱贫。全省发展到户产业扶贫项目户均 1.7 个，到户覆盖率达 93.97％，发展到村产业扶贫项目村均 6.4 个。在全国率先大规模实施光伏扶贫工程，建成村级光伏电站 6317 个，户用 31.5 万户，位居全国第一。创造性实施“351”“180”健康脱贫政策，全面落实“一站式”服务和贫困家庭医生签约制度，大幅减轻了贫困群众就医负担。2017 年，全省贫困人口住院 119.89 万人次，共发生医药费用 62.8 亿元，综合医保补偿 58.08 亿元，平均实际补偿比达到 92.48％，较普通参保患者提高约 30 个百分点。贫困人口慢性病门诊医药费用实际补偿比达 96.5％，惠及贫困慢性病患者 186.69 万人次。教育扶贫政策全面落实，“雨露计划”和建档立卡贫困家庭在校学生资助实现全覆盖，全省累计发放贫困家庭学生资助资金 100.1 万人次、11.35 亿元，发放“雨露计划”资金 9.9 万人次、1.52 亿元。住房安全保障明显增强，全省共全面完成 472 个易地扶贫搬迁安置点、建设 11132 套住房的建设任务，3.5 万贫困人口搬迁入住，全省贫困户危房改造已竣工 11 万户，是年度计划 6 万户的 1.83 倍。

五、实施大开放战略，打造内陆开放新高地

习近平总书记在安徽考察时指出，安徽推动深化改革、内陆开放有闯劲，具有沿江近海、居中靠东的区位优势，又处于“一带一路”和长江经济带重要节点，可以说“左右逢源”，要积极融入国家“三大战略”。省政府深入学习贯彻习近平新时代中国特色社会主义思想，积极践行新发展理念，扎实推进开放发展行动计划，加快打造内陆开放

新高地。实施双向互动、内外联动的全面开放格局，安徽“一带一路”和长江经济带重要节点地位日益凸显。全省外贸进出口总量实现了历史性突破，一举超过 500 亿美元，达到了 536.4 亿美元，同比增长 20.8%，总量和增幅均居中部第 2 位，服务贸易累计实现 317 亿美元，年均增长 23.3%。开放型经济结构逐步优化，外贸新业态新模式加快发展，跨境电商贸易额年均增长 30%以上。全省高新技术产品出口比重从 6.2%提高到 24.7%，累计已有 80 家境外世界 500 强在皖设立企业 152 家，战略性新兴产业利用外资比重从 17.4%提高到 20.8%，服务业利用外资比重从 28.2%提高到 36.3%。坚持“引进来”与“走出去”并重，吸收外商直接投资累计 673 亿美元，年均增长 13%。对外投资累计 43 亿美元，对外承包工程累计完成营业额 154 亿美元，实际利用外商直接投资 673 亿美元，年均增长 13%。境外世界 500 强在皖设立企业增加到 152 家，江淮大众新能源汽车、海螺海外发展、马钢收购瓦顿等国际产能合作顺利实施。推进开放大通道大平台大通关建设，合肥中欧国际货运班列加密延伸，新增国家级开发区 6 家，设立综合保税区 3 家、保税物流中心（B 型）4 家、进境指定口岸 11 个。国际贸易“单一窗口”建成运行，复制推广自贸区改革试点经验 56 项。外事、侨务、对台、港澳工作取得新成效。

第二节　安徽经济发展中的不足

一、发展质量和效益不高

习近平总书记在十九大报告中提出“要着力解决好发展不平衡不充分问题，大力提升发展质量和效益”。我省经济发展稳中有进，经济结构正在发生重大变化，中等收入群体在不断扩大，科技创新正在高速发展，供给侧结构性改革取得显著成效。然而，目前安徽省发展质量和效益不高，主要体现在三个方面。

一是劳动力资源丰富，但劳动力质量不高。安徽省作为人口大省，主要为中部地区输送劳动力，其劳动力资源为沿海地区的发展奠定经济基础。但是，农村外出人员的文化素质偏低，难以满足现代化工业发展的需求。近年来，我国经济压力增加，安徽省人口老龄化、劳动力工资差异等问题的出现也使得劳动力供应出现问题。

二是经济增长平稳，但经济发展动力不足。过去凭借投资驱动、资源消耗的发展方式已经越来越不适应现代化经济的可持续发展，在新常态经济模式下，依靠创新、技术等优势来推动经济发展是大势所趋。新常态下经济增长减缓，冲击了原有的经济增长，导致经济发展动力不足。

三是产业结构不合理，经济发展方式有待转变。近年来安徽经济结构优化升级，产业结构虽有优化，但第一、第二产业所占比重依旧高于第三产业，高耗能重工业、劳动力密集型产业所占比重高，产业的技术投入和创新投入不足，产业发展层次较低，全省产业综合实力和竞争力较薄弱。同时，安徽省产业发展较为分散，集中度不够，高度行业规模小、实力弱，经济增长内在动力不够，经济发展方式转变任务艰巨。

二、创新能力需大幅提升

2017 年是党的十九大召开之年，全省深入贯彻党的十九大精神，加快推进合芜蚌国家自主创新示范区、全面创新改革试验、合肥综合性国家科学中心等重大项目建设，区域创新能力连续五年居全国第一方阵。然而，当前我省科技创新发展不平衡不充分的问题还比较突出，特别是皖北地区，其科技创新不平衡、不充分主要体现在两个方面。

一是皖北地区财政科技总支出明显不足。皖北地区经济社会发展加快，但相较于皖中与皖南地区，仍有较大差距。2016 年皖北地区六个城市在科技投入上的经费为 721011 万元，不及合肥市的 40%，后者为 1947813 万元。皖北地区的科技投入仅仅只有皖中地区的 30%、皖南地区的 45%，科技投入上明显滞后。

二是基础研究经费占财政科技支出的比重偏低。从皖北地区研究与实验经费支出构成结构来看，皖北地区的基础研究与应用研究比重严重偏低。基础研究是建设创新型省份的根本动力和源泉，皖北地区基础研究经费占比偏低的情况，在一定程度上反映了皖北地区科技经费支出结构不够合理，自主创新能力还比较薄弱，严重影响了区域创新能力的提升。

三、供给侧结构性改革问题

2017 年以来，我省全面落实中央关于供给侧结构性改革的决策部署，围绕“调结构、稳市场、防风险、提效益、增后劲”六个方面，深入推进“三去一降一补”，为经济持续增长奠定坚实基础。供需结构不匹配、产业低水平重复过剩与高品质产品短缺并存，是当前存在的一个结构性突出问题，安徽供给侧结构性改革问题主要体现在四个方面。

一是去产能造成人员安置压力与资金压力。当前工业面临的突出问题，表面上看是需求不足，本质上是供需错配，具体表现为高端缺失、低端过剩。供给侧改革落实在产业层面就是压缩产能、清理僵尸企业，淘汰落后产能，关闭僵尸企业，将面临大量职工转岗和安置的问题。全省去产能职工安置人员数量庞大，一些职工因其年龄偏大、工作技能单一、素质水平偏低等使得就业难度大，长期得不到安置，大量煤炭行业工作者解除（终止）劳动合同后被推向社会，将对民生底线和社会稳定造成冲击，存在较大隐患。职工安置依靠奖补资金、地方财政和企业投入难以填补巨大的资金缺口。

二是去库存演变成了单纯的楼市去库存。有关楼市的去库存政策忽视了房地产的资产属性和地区之间的差异性。从安徽省出台的相关政策来看，相关去库存政策主要演变成了房地产行业的去库存政策。去库存对工业领域同样具有十分重要的意义，我省工业面临的突出问题严重制约了企业投资的积极性，将去库存政策演变成为单纯的房地产去库存政策，这种导向是不正确的。在 2015 年中央经济工作会议提出“三去一降一补”任务后，2016 年成为去库存之年。我省采用多种政策使 2016 年的去库存有了较为显著的效果。然而，商品房待售面积指的是狭义上的商品房库存，而广义上的房地产库存是待售期房与现房、施工面积与待售面积等的总和，因此我省总体上依旧是高房价与高库存并行，商品房库存形势依然严峻。其次，不同城市间商品房库存压力不同，尤其是三四线城市的房地产库存更加严重，因为一二线城市房价调控比三四线城市更加严格。房地产商的投资由一二线城市转向三四线城市，而一二线城市（合肥、芜湖）房价的飞速增长又会带动三四线城市（宣城、池州、马鞍山）房价增长。这些城市的中心地带大多已被开发殆尽，更多的是在城市周边进行新城开发，由于政府财力受限，偏远区域的教育、医疗、公共交通以及商业配套等都跟不上，部分楼盘无法正常居住，导致居民入住动力不足，从而增加房地产库存。

三是去杠杆认知存在误区，去杠杆逐渐演变为金融机构化解不良资产风险与降低政府债务利息成本的手段。这种误区，导致去杠杆的相应措施制定不得要领，与现实要求相距甚远。由于去杠杆涉及国家层面的金融体系改革问题，地方政府缺乏实施措施与手段。简单地去杠杆，将直接导致金融机构抽贷，直接恶化中小企业的经营状况。金融领域中的问题不是去杠杆的主要着力点，供给侧中的去杠杆主要针对实体经济杠杆率过快、非金融企业尤其是制造业企业的杠杆率过高、偿债压力过大等问题。企业杠杆率的增速过快，与经济增速背向而行，表明企业是在逆势加杠杆，风险更大。

四是企业经营成本较高，实体经济发展活力有待增强。在经济下行压力加大和产能过剩的背景下，企业的生存压力进一步加大。日益攀升的成本与不断走低的工业品出厂价格，削弱了企业特别是实体经济企业的盈利能力。居高不下的融资、物流等成本，已成为制约企业发展和产业竞争力提升的“瓶颈”。成本负担偏重是实体经济面临的突出问题，降成本是供给侧结构性改革的重点和难点，面临着不少问题，主要集中在降低税负和财政收入减少的矛盾与降低劳动力成本和扩大内需的矛盾这两方面。

四、脱贫攻坚任务艰巨

党的十九大报告指出，“脱贫攻坚任务艰巨”。虽然我省脱贫攻坚取得明显成效，在深度、广度和精准度上都达到了新的水平，但我们也得认识到，脱贫攻坚的成绩不能高估，困难不能低估，问题不能回避，脱贫攻坚任务艰巨主要体现在三个方面。

一是时间要求紧，如期实现脱贫的任务艰巨。目前安徽省还有217.7万贫困人口，1923个贫困村，31个国家级和省级贫困县，贫困发生率4.06%，属于任务较重的省份，特别是今年贫困县摘帽对安徽省来说是全新的课题，没时间慢慢摸索。

二是贫困程度深，攻克坚中之坚的任务艰巨。虽然我省没有国家级的深度贫困县，但是我省2016年底仍有9个深度贫困县，其中5个县的贫困人口规模在10万人左右，4个县贫困发生率在10%左右。全省仍有125个贫困村的贫困发生率超过10%或贫困人口超过350人，被确定为我省的深度贫困村。

三是巩固压力大，有效防范返贫的任务艰巨。2016年底，贫困户因病因残致贫的比例高达68.38%，低保和五保贫困户占比达到51.52%，60岁以上的老人占比近40%，这三类群体大部分年龄大、病发多、没有劳动力，大多数需要依靠特惠性的兜底政策才能脱贫，稳定脱贫难度大，防范返贫的压力重。同时，部分贫困户存在“等靠要”思想，如何激发他们的内生动力，也是十分紧迫的问题。

五、城乡居民收入距全国尚有不小差距

近年来，我省宏观经济运行良好，城乡居民收入持续稳定增长。根据我省统计局公布的数据，2017年我省城镇常住居民和农村居民人均可支配收入分别达到31640元、12758元，同比名义增长8.5%和8.9%，实际增长7.1%和7.7%（扣除价格因素）。然而，2017年全国城镇居民和农村居民人均可支配收入分别为36396元、13432元，同比名义增长8.3%和8.6%，实际增长6.5%和7.3%（扣除价格因素）。我省城乡居民收入在稳定增长的同时与全国平均水平还有一定的差距，其原因主要体现在两个方面。

一是地区经济发展的差异。我省各地区经济发展的不平衡是导致地区间收入差距扩大的一个重要原因。在经济发展水平较落后的地区，

收入来源缩小，收入水平降低，最终导致安徽整体收入水平偏低。

二是地区科技文化的差异。我省各地区在科学技术水平上存在着差异，科技水平的高低对社会的发展进步具有重大的影响，科技水平相对较高的地区，更能带动当地各行各业的发展，会给人们带来更多的发展机会，从而进一步影响人们的收入水平。

第三节　安徽经济健康发展的建议

针对安徽省经济发展过程中的不足，本节围绕“创新、协调、绿色、开放、共享”的五大发展理念，结合“脱贫攻坚工作”“供给侧结构性改革”“区域协调发展”“内陆开放新高地”以及“创新型省份建设”五个方面提出适当的建议。

一、精准脱贫，全面进入小康社会

党的十九大报告指出，确保到2020年我国现行标准下农村贫困人口实现脱贫，贫困县全部摘帽，解决区域性整体贫困，做到脱真贫、真脱贫，坚决打赢脱贫攻坚战。中国特色社会主义追求的富裕是全体人民的共同富裕，追求的发展是造福人民的全面发展。全面建成小康社会已经进入倒计时，脱贫攻坚是当前重大的政治任务和最大的民生工程。各级党委、政府必须认真贯彻党的十九大精神和习近平总书记扶贫开发重要战略思想，明确新时代脱贫攻坚的基本方略、工作机制、重点任务和总体目标，坚持精准扶贫、精准脱贫基本方略，重点攻克深度贫困地区的脱贫任务，深入扎实推进各项工作，如期实现脱贫攻坚的目标，以实际行动确保全省人民共同奔向全面小康社会。在2020年到来之际，为实现全面小康社会和共同富裕，我省如何啃下贫困地区脱贫攻坚的“硬骨头”？

一是继续紧紧围绕“六个精准”的要求，贯彻落实脱贫攻坚政策，提高脱贫攻坚质量。(1) 在源头精准上下功夫，确保源头务实。精准识别是扶贫的首要工作，坚持“七个不落、一个不少”的要求，着力做到“三个严”，即严格标准、严格程序、严肃纪律，确保扶贫对象精准。紧盯“一达标、两不愁、三保障”，确保不愁吃、不愁穿的目标稳定实现和义务教育、基本医疗和住房安全有保障。严格履行“两评议两公示一比对一公告”程序，确保程序规范。（2）在过程精准上下功夫，确保过程扎实。要着重解决好“怎么扶”“谁来扶”的问题，从项目安排、资金使用、措施到户、因村派人四个方面精准发力。坚持因地、因人、因贫困原因施策，确保扶到点上、扶到根上、扶到群众心坎上。加大财政扶贫资金管理力度，实行绩效考评，确保扶贫资金使用精准、安全、高效。继续按照“五个一批”脱贫路径，持续推进脱贫攻坚十大工程，确保每一个贫困户都有获得感、幸福感。加大对“单位包村、干部包户”工作的考核力度，确保各地各部门真帮实扶。（3）在结果精准上下功夫，确保结果真实。要做到“五个紧盯”，即紧盯户脱贫、村出列、县摘帽、四率一度、三个经得起，确保稳定退出、结果真实。全面落实产业扶贫、就业扶贫、扶贫小额信贷等项目，确保实施健康脱贫、教育补助、残疾人救助等政策，帮助贫困户持续增收。充分结合当地资源优势，围绕“三变”改革，加大财政资金绩效，着力培育壮大特色产业，帮助贫困村稳定增加村级经济收入。准确把握贫困县摘帽标准，抓紧分析关键指标与全省平均水平对比情况，有针对性地开展补缺补差。坚持进村入户，确保贫困人口漏评率、脱贫人口错退率不断降低，力争实现“零漏评”“零错退”，确保识别准确率、退出准确率和群众满意度不断提高，有效保证脱贫质量、脱贫成效要经得起国家的考核验收、经得起群众的认可、经得起历史的检验。

二是集中力量攻坚，进一步攻克深度贫困地区堡垒。安徽应积极贯彻习近平总书记关于深度贫困地区脱贫攻坚重要讲话精神，按照省委省政府的部署安排，集中力量，聚焦重点领域，采取更加有效的措施，深入推进我省深度贫困地区脱贫攻坚。（1）加大产业就业扶贫力度。积极推行“四带一自”模式，深入推进“三变”改革，盘活农村集体资源、资产、资金，为贫困群众切身利益考虑，增加贫困群众资产收益。（2）加大政策落实力度。强化全省三级以上医院“一对一”帮扶关系，全面落实“351”“180”等健康脱贫政策和教育扶贫资助政策，有条件的地方可适当提高“雨露计划”补助标准。（3）加大基础设施建设力度。加大水利、道路、供电等重大基础设施的投入力度，落实危房改造和易地扶贫搬迁补助政策，加快土地复垦和城乡建设用地增减挂钩节余指标交易，提高深度贫困县内行蓄洪区居民迁建中央投资省级配套补助标准。（4）加大乡村振兴战略实施力度。重点在深度贫困县优先发展，加强深度贫困县的基层基本公共服务功能建设，确保主要领域指标接近或达到全省平均水平。（5）加大要素投入支持力度。发挥政府投入的主体和主导作用，新增脱贫攻坚资金、项目、举措主要集中于深度贫困地区。（6）加大贫困群众内生动力激发力度。改进帮扶方式和动员方式，引导贫困群众主动参与项目建设和管理监督，组织开展脱贫示范户创建和“我脱贫我光荣”评选活动，激发贫困群众内生动力。

三是进一步建立长效扶贫机制，从根本上实现稳定脱贫。让贫困群众实现稳定脱贫，提高脱贫成效，是脱贫攻坚的出发点和落脚点，也是脱贫攻坚的总体要求和工作目标。我省建立稳定脱贫长效机制，着力做好“加减乘除”。（1）瞄准“钱袋”做“加法”，增加贫困户收入。抓好产业扶贫，确保有稳定的经营性收入。抓好就业扶贫，确保有稳定的工资性收入。抓好资产收益扶贫，确保有稳定的财产性收入。抓好保障兜底力度，确保有稳定的政策性收入。（2）瞄准“症结”做“减法”，减少支出费用。针对因病致贫，落实健康脱贫“351”“80”等政策，切实保障这部分贫困群众稳定脱贫不返贫。针对因学致贫，全面落实教育扶持与资助政策，实现建档立卡贫困家庭学生资助和“雨露计划”职业教育补助全覆盖。针对因灾致贫，完善社保托底政策，全面实现农村最低生活保障与扶贫标准“两线合一”。（3）瞄准“造血”做“乘法”，增强倍增效应。强化金融扶贫、基础设施扶贫、基层基本公共服务，建立健全扶贫小额信贷贴息和风险补偿金机制，确保贫困户贷得到、用得好、还得上、稳脱贫。实施农村道路畅通工程，推进农村饮水安全和电力基础设施建设。（4）瞄准“瓶颈”做“除法”，提高脱贫效率。注重扶贫与扶志、扶业、扶技、扶智相结合，实现精神与物质“双脱贫”。健全防范返贫机制和长效政策机制，完善防范返贫确保稳定脱贫实施意见，提高脱贫质量。

二、持续深化供给侧结构性改革

中国特色社会主义迈进了新时代，深化供给侧结构性改革有利于适应和引领经济新常态、解决经济系统供给和需求结构性错位问题、优化市场在资源中的配置作用、培育经济增长新动力、破解体制机制障碍、构建现代化经济体系。如何从“供给侧”“结构性”和“改革”三方面入手，深入推进供给侧结构性改革，大力发展创新型产业和智慧经济，提高经济发展质量，安徽应在以下四个方面精准发力。

一是继续坚持创新驱动供给侧结构性改革。供给侧结构性改革的关键在于提质增效，创新是提升质量和效率的根本动力。必须把提高供给质量作为供给侧改革的主攻方向，坚持制造强省战略。

二是以“破”“立”“降”为重点，全面推进经济结构优化，促进供需动态平衡。要大力破除无效供给，把处置“僵尸企业”作为重要抓手，推动化解过剩产能。要大力培育新动能，强调科技创新，推动传统产业优化升级，培育一批具有创新能力的排头兵企业。要大力降低实体经济的成本，继续清理涉企收费，加大对乱收费的查处和整治力度，降低用能、物流成本、制度性交易成本。

三是激发企业家精神，保护企业家的创新权益、财产权和经营权。要进一步营造企业家健康成长环境，弘扬优秀企业家精神，更好发挥企业家作用。要进一步完善产权保护制度，依法平等保护企业家的合法权益，让企业家有“安全感”和“方向感”。

四是培养造就一大批具有国际水平的不同类型的创新人才。健全创新激励机制，营造“实业能致富，创新致大富”的环境，鼓励科技人员在创业创新中发挥积极性、主动性和创造性。要把人才作为实现安徽高质量发展的第一资源，坚持人才培养与引进“两条腿”走路，加强高层次创新人才队伍建设。鼓励科研人员将科技成果通过自主创业、合创业、技术转移和交易等方式转化为实际生产力，从而建立“双创”与实体经济良性互动的“桥梁”。

三、深入实施区域协调发展战略

区域协调发展是我国区域发展的核心战略。在当前经济发展新常态趋势下，安徽应以五大发展理念为统领，优化与调整区域发展布局，合理配置区域与城乡资源，依靠新经济、新动能、新机制，全面推进区域协调发展战略。深入实施区域协调发展战略，安徽如何行动到位呢?

一是培育区域发展新动能。依靠“互联网+”，加快建设合芜蚌自主创新示范区与合肥综合性国家科学中心，积极打造各类创新平台，大力推进大众创业、万众创新，积极发展新技术、新产业、新业态、新的经营模式，将全省创新驱动推向更高发展阶段。积极把握融入“一带一路”和“长江经济带”的新机遇，鼓励企业走出去，开拓资源配置空间，共建共享自贸区、保税区等对外开放平台，加大口岸开放力度，提升对外经济开放度，实现对外开放经济全面升级。

二是推进区域空间发展互动。统筹推进产业发展与城镇建设，以产业发展带动人口集聚与城镇建设，推进区域功能分工转型、互联互通升级。优化区域空间布局，推进芜湖与马鞍山、铜陵与池州、合肥与淮南、淮北与宿州同城化，促进跨江地区联动发展。强化交通基础设施一体化，高速交通网覆盖至县。促进沿江城市跨江发展联动互动，构建功能清晰、分工合理、各具特色、协调联动的多中心的区域发展格局。

三是加强城乡发展要素支撑。发挥各地政府统筹城乡发展协调能力，推进户籍制度改革，鼓励城市资本下乡，深化新型城镇化综合试点，增强区域发展要素支撑力。

四、加快打造内陆开放新高地

打造内陆开放新高地，有利于安徽推进长江经济带和长三角一体化的发展，有利于安徽深度参与“一带一路”建设，有利于加快建设五大发展美好安徽，是决胜全面小康的重要举措。安徽内陆开放高地建设要实现四个基本目标：高端化的外向型产业集群基本形成，高质量的双向开放格局基本形成，高水平的对外开放平台基本形成，高效率的开放体制机制基本形成。为实现这些目标，安徽应从以下五个方面做起。

一是全面融入“一带一路”和长江经济带。安徽地理位置特殊，联系着东部和西部地区，是沿海地区与中西部内陆腹地的重要枢纽，是长江经济带的重要组成部分。在对接国家开放战略的过程中，我省要充分利用自身的区位优势，努力打造安徽成为“一带一路”和长江经济带重要节点。依托我省区位交通、产业基础、市场潜力、文化资源等优势，按照“政策沟通、设施联通、贸易畅通、资金融通、民心相通”的总体要求，加强与“一带一路”沿线国家和国内重点地区、重要企业合作交流，加快出省出国出海和省内交通基础设施互联互通，构筑“一带一路”合作平台。深度融入长三角地区，强化长三角成员意识，在基础设施、政策措施、产业融合发展、思想观念、发展理念等方面努力实现等高对接。按照我省参与长江经济带建设三年行动计划和实施皖江示范区规划展期的目标，加快构筑高效快捷的大交通，加快培育具有国际竞争力的大产业，加快建设具有较强影响力的中心城市，着力打造安徽成为长江经济带重要的战略支撑，把我省建设成为长三角世界级城市群的新兴增长极。

二是全力建设大通道大平台大通关。通道建设是打造内陆开放新高地的基础，按照“完善网络、扩大能力、提高水平、构筑枢纽”的思路提升通道建设水平，加快各重大基础设施建设的步伐，着力构建多层次、大容量的综合交通运输体系，实现与周边省市对接，全面提升互联互通水平。平台是外向经济的重要载体，加快提升各类开放平台的功能，发挥各类平台的承载作用，借鉴和推广自贸区建设试点经验，争创合芜蚌金融服务自主创新综合改革试验区。通关一体化为外向型企业提供机遇与变量，为企业节约大量成本。推进通关水平建设，要升级完善安徽电子口岸平台，完善通关协作机制，积极推动关检“一次申报、一次查验、一次放行”试点和商检业务改革，不断提升通关效率。

三是积极对接大资本大市场。要坚持培优扶强，着力引进、培育、发展一批具备核心技术、研发人才、自主品牌、营销渠道等核心竞争力和国际影响力的大企业、大集团，使之成为安徽参与全球经济竞争合作的支撑力量，通过参与国际竞争产能合作，做大总量，提升质量。要增强开放型企业龙头带动能力，鼓励引导企业立足全球，制定国际化发展战略，积极开拓国际市场、能源基地和营销网络，在开放发展中成长壮大。支持骨干企业牵头在沿线国家投资建设配套产业园，构建境外经贸合作区，为安徽企业抱团“走出去”奠定坚实基础。要引导扶持企业大力开拓国际市场，鼓励各类企业积极应对世界经济贸易格局和需求变化，加快实施市场多元化战略，巩固扩大传统市场，积极发展跨境电子商务开拓新兴市场，不断提高对外贸易质量和效益。

四是推动外向型经济提质增效。鼓励企业实施市场多元化战略，大力优化出口商品结构，加强发展服务贸易，积极推动外贸转型发展与加工贸易转型升级，提升自身产品的品牌质量，打造拥有国际竞争力的自主品牌。大力优化外资投资结构，积极引导外资投资导向，鼓励外资进入装备制造和新材料制造、现代服务业和高新技术产业等领域，大力发展循环经济、生态保护、资源利用等项目。加快“走出去”的步伐，鼓励建材、汽车、家电等制造业企业到资源富集和市场需求大的国家建设生产基地，在“走出去”中实现转型升级，提升竞争力。

五是营造良好的开放环境和氛围。要全面贯彻主动开放、双向开放、公平开放、全面开放、共赢开放的理念，突出开放在全局中的领先作用。要通过体制机制创新，着力营造便利化、国际化、法治化的营商环境，广泛吸引国内外资金、技术和人才。要创新利用外资管理体制，降低外商投资市场准入门槛，推进教育、文化、金融医疗等服务行业的有序开放，不断提升外向型经济层次和水平。

五、加快建设创新型省份

创新发展是历史进步的动力、时代发展的关键，位居“五大发展理念”之首。面对新时代新态势新要求，安徽省创新发展必须坚持以习近平新时代中国特色社会主义思想为指引，全力贯彻党的十九大精神，强化系统化思维，积极把握创新机会，更大力度推进创新驱动。

加快建设创新型省份，安徽应从以下五个方面着手。

一是加强创新驱动顶层设计。贯彻落实国家创新驱动发展战略和建设创新型省份“三步走”战略，实施五大发展行动计划。全力推进技术和产业、平台和企业、资本和金融、制度和政策创新支撑的体系建设，全面落实“1＋6”“1＋6＋2”以及科技创新十条等政策。持续支持科技创新，引导企业加大研发投入、开展重大关键技术攻关、引进高层次人才团队。

二是加快打造原创成果策源地。积极推进合肥综合性国家科学中心和量子信息科学国家实验室建设，大力支持高校院所及龙头企业等建设高水平研发机构。

三是加快推进科技成果研发转化。贯彻落实促进科技成果转移转化实施方案和实施细则，加快建立健全科技成果捕捉发现机制，完善安徽省科技成果在线登记系统，大力推动各类科技成果在皖转移转化。大力发展研发设计、技术转移、创新创业等科技服务业，加强产业集聚发展载体建设。

四是加快深化科技体制机制改革。系统推进全面创新改革试验，全面深化科技计划管理改革，加强完善科技管理信息系统，优化升级整合省级科技计划，深入改革省级财政科研项目资金管理政策。推进科技人员流动改革，完善编制周转池制度，鼓励科技人员在岗创业、兼职创业、离岗创业。深入推进科技分配制度改革，实行以增加知识价值为导向的分配政策，加快构建以贡献为导向的科技人员财富分配制度。

五是加快构建创新协调发展格局。深入推进构建以合芜蚌为龙头、创新型城市为载体、皖江、皖北、皖南、大别山区等区域协调发展的新格局。深入推进合芜蚌国家自主创新示范区建设，扎实开展创新型城市创建工作。加大皖北和贫困地区科技创新补短板力度，加大科技项目经费、创新平台载体、科技政策兑现等方面向皖北和贫困地区的倾斜力度，积极落实“十条政策”，积极引导创新资源向皖北集聚。

参考文献

[1] 余华银，张焕明，宋马林．安徽经济发展研究报告（2017）[M]．合肥：合肥工业大学出版社，2017.

[2] 安徽省人民政府公报 2015—2017，http：//www. ah. gov. cn.

[3] 中华人民共和国国家统计局网站，http：//www. stats. gov. cn/.

[4] 安徽省统计局网站，http：//www. ahtjj. gov. cn/.

[5] 安徽经济信息网，http：//www. ahjjxx. com/.

[6] 安徽省人民政府网，http：//www. ah. gov. cn/.

[7] 凤凰网 http：//news. ifeng. com/.